人生が一変する「遊ぶっきょう」の教え

町田宗鳳

サンマーク出版

プロローグ

「遊び力を鍛える」って、どういうこと？

「遊ぶっきょう」とは、なんともふざけた言葉だと思われたかもしれませんね。

これはもちろん私の造語です。私は以前から、新しい思想は必ず新しいボキャブラリーを生み出すと主張していました。宗教家がいつまでも過去の高僧の言葉を借りて説教しているかぎり、古い思想の受け売りをしているに過ぎません。

「遊ぶっきょう」とはお察しの通り「遊ぶ」と「仏教」を掛けていて、ブッダが説いた仏教が、うんと進化したものです。

「いや、それは進化じゃなくて、退化じゃないのか」というお叱りの声が聞こえてきそうですが、私は立派に進化形だと考えています。その理由は、本書を最後までお読みいただければご納得いただけるでしょう。

私は日頃から「遊び力を鍛える」ことをお勧めしているのですが、遊びに「力」なんていらんだろう、と思われるかもしれませんね。でも、これだけ四苦八苦、つらいことが多い世の中で、遊び心を失わないでいるのは至難の業です。

私たちは遊ぶ「力」をしっかりと鍛え発揮してこそ、この世を乗り切っていけるのです。

遊びの奥義というのは、人間の魂を無限空間に解放することですから、そこまでたどり着ければ、深い宗教体験をもつに等しいのです。

そもそも地球上に人間ほど愚かな存在はないわけだし、その寿命も岩や巨樹に比べれば極めて短いものです。たまたまこの世に生命を授かって、ほんの少しの間、地上で遊ばせてもらっているのが、人間の本質です。

宇宙から見れば、人間の寿命なんて一日しか生きない昆虫のカゲロウと五十歩百歩なんですから、そんなところで、やけに深刻になったり、争ったりするのは愚かなことだとは思いませんか。

もしも人類全体が、異文化異民族の人々とも旺盛な「遊び力」で交わることができるのなら、戦争という大きな過ちを犯さないですみます。大国が小国を侵略することなど、まともな神経の持ち主には到底できない愚行であり、それぞれの国の人々がイデオロギーや民族の違いで衝突することもなく、楽しく、遊んで暮らせばいいだけです。

「遊び力」で文明は進化する？

「遊んで暮らすなんて、とんでもない。じゃあ、どうやってメシを喰《く》っていくのか」と、あちこちから抗議の声が聞こえてきそうです。

誤解のないように言っておけば、遊ぶとはサボることでも、手を抜くことでもありません。今やっていることをゆっくりじっくり「楽しむ」ことです。

「ゆっくりと楽しむだけ、なんて言っているうちに、日本がますます国際競争から取り残されるじゃないか！」と大マジメに反論する人もいるかもしれません。

しかし信じられないことに、毎日あくせくと働き、残業も当たり前になっている日本の一人あたりの労働生産性は、ＯＥＣＤ加盟の三十八か国中、三十一位（二〇二二年度）なのです。シエスタといって毎日三時間も昼休みをとるスペインよりも低いのです。

そんな効率の悪い働き方をしているわけですから、日本人はもっと「遊び力」を取り戻したほうが、過労による死者も出さず、仕事の生産性が上がるのではないでしょうか。


誰もが遊んで暮らすようになったら人類文明の進化も危うくなる、と批判する人もいるかもしれませんが、進化した結果、核戦争の危機や、絶望的な貧富の差を招いてしまっている現況を見れば、多少、進化のスピードが落ちたところで、ちょうどいいくらいなものです。

実際には「遊び力」が活発に働いていてこそ、科学的発明も生まれれば、芸術的創作も生まれます。眉間に皺《しわ》を寄せて、クソマジメにやろうとしたところで、ろくなことはありません。そのうちに過剰なストレスで倒れてしまうかもしれません。病気の八割は、心因性ストレスが原因になっているという統計もありますから、「遊び力」を養うのは、最善の健康法にもなります。

さらに脳科学的にも、遊びは「記憶の司令塔」といわれる海馬を刺激し、年齢にかかわらず、その成長を促進することが分かっています。遊びを知らない人がやたらと頑固になってしまうのも、そのためです。

しかも遊びの引き出しは多いほうがいいらしく、ゴルフだけでなく、畑をしたり、日曜大工をしたり、料理をしたり、心身を解放させていくことが海馬の成長に繋《つな》がるといいます。いちばんの理想は、本業の仕事に「遊び半分」で取り組めることです。

政治もビジネスも医療も教育も、思い切って競争原理から外れて遊び半分でやれば、もっと楽しいし、人生の味わいが深まります。そして、生活にそれだけのゆとりができれば、おのずと他者にも目を向けることになり、助け合い社会の実現に向かって一歩近づけます。

イソップ物語の『ウサギと亀』でいえば、後からノロノロとやって来た亀さんは、うっかり居眠りをしてしまっていたウサギさんを起こしてあげればよかったのです。そうしたら、ウサギさんも「起こしてくれて、ありがとう」と言って、亀さんと一緒にゴールしたかもしれません。競走中に居眠りをしてはいけないと決めつけるのは、時代遅れの道徳家です。

魂の自由を追い求める「遊ぶっきょう」

平和といえば、宗教がもたらしてくれるものと思い込んでいる人がいるかもしれませんが、事実はその反対です。人類史上に刻まれている戦争の大半は、宗教家の絶大な後押しによって開戦されました。

時の権力者が影響力のある宗教家に戦争を正当化してもらい、それをテコにして国民に戦争参加を呼びかけてきたからです。

信仰心は貴重ですが、宗教の教団組織があらゆる危険性をはらんでいることは、オウム真理教事件や安倍晋三元首相暗殺事件からもお分かりだと思います。私たちがなんらかの理由で弱気になった時、その心の隙に宗教組織が割り込んでくることもあり得るので、大いに用心する必要があります。

特定の神様や教祖への依存を求める宗教の時代は、すでに終焉《しゅうえん》を迎えつつあります。私が『なぜ宗教は平和を妨げるのか』（講談社プラスα新書）や『人類は「宗教」に勝てるか』（NHKブックス）といった本を書いたのも、そのためです。

しかしながら、私は宗教否定論者ではありません。神仏に対して日々真剣に祈る僧侶でもあるのですが、菩提樹《ぼだいじゅ》の下で悟ったブッダがサルナートで説き始めた仏教ではなく、自分が勝手に創った「遊ぶっきょう」の信奉者です。遊びにこそ、深い真理が秘められていることをお伝えしたいと思います。

白川静氏の『字通』によれば、「遊」という漢字は「人間的なものを超えて、神とともに絶対的自由を楽しむ」ことを意味するようです。まさに、それが「遊ぶっきょう」の真髄といえます。遊びは、それほど神聖なものなのです。

日本宗教史上、特筆すべき存在である弘法大師空海も、自分が実践していた密教修行のことを「大道に耽《ふけ》り、玄妙に遊ぶ道」と呼んでいました。深山幽谷に籠もり、孤独な荒行を重ねていた彼も、じつは仏と遊んでいただけなのです。


苦行ではなく、遊びの深みを通じて魂の自由を求めるのが「遊ぶっきょう」の教えです。私は護摩を焚《た》いていると、ときどき弘法大師から言葉を授かるのですが、「世を捨てず、死を恐れず、いま仮の姿を遊ぶべし」とも言われています。

どんな境遇に生きていようが、大いに「遊び力」を発揮して、困難を打破していただきたいものです。

そんな「遊ぶっきょう」の教えを一人でも多くの方と共有したいという思いを込めて、私自身も楽しみながら本書を書かせていただきました。

どうぞごゆっくり、クスクス笑いながらお読みいただければ幸いです。

町田宗鳳　合掌

人生が一変する「遊ぶっきょう」の教え

目次

第三章 「遊び力」はこうして鍛える

第五章　堂々と人生を「遊びきる」

エピローグ …… 161

装丁……萩原弦一郎（256）
本文DTP……朝日メディアインターナショナル
校閲……株式会社ぷれす
編集……新井一哉（サンマーク出版）

第一章

日本人は遊びの天才だった

八百万の神々だって少しもマジメじゃなかった!?

現代の日本社会には、神経症的なマジメさがまん延しています。でなければ、これだけ多くの人たちが、引きこもりやうつ病になるはずがありません。どこの企業でも精神不安を理由に、長期休職になっている社員が少なからずいるのではないでしょうか。

そういう人たちも、このままじゃいけないと、精神科医のお世話になることになりますが、やたらと薬を処方されるだけで、問題解決にはほど遠いのが現実です。

なかにはマジメが高じて、絶望的な孤独感に陥り、発作的に自ら命を絶ったり、人の命をあやめてしまう人間もいます。

マジメ病のウイルスは、新型コロナウイルスよりも感染性が高く、人の心身を蝕《むしば》んでしまうので、じつに恐ろしい代物です。

本来の日本人というのは、それほどマジメ尽くしではありませんでした。神話はそれぞれの国の「文化の祖型」を表現するものですが、日本神話に登場する八百《やお》万《よろず》の神々は、ちょっとおふざけが過ぎるような面があります。

一神教の神が絶対的正義の象徴として、間違いを犯す者を断罪する裁きの神であったことと、根本的に異なっているのです。

ユダヤ教・キリスト教・イスラム教の聖典には、神が人間に課した厳しい掟《おきて》が記されていますが、日本神話のどこを読んでも、そんなものは書かれていません。

そこにあるのは、神々のほうが人間よりも愚かな存在ではなかったかと思えるほど、荒唐無稽な物語ばかりです。

高天原では、荒ぶる神スサノオはやんちゃのかぎりを尽くし、神様だというのに根の国に追放されています。弟スサノオの悪ふざけに嫌気が差したアマテラスは、世界の中心で輝く太陽神のはずなのに、すねたように天岩戸に隠れてしまいます。

そんな彼女を外に引き出すために、アメノウズメは大胆にもヌードダンスをやってのけ、それを見た神々は大笑いします。彼女は香久山から採ってきた笹の葉を手にして、石臼をひっくり返した上に乗り、乳房もホト（女陰）も露《あら》わにして踊ったのです。

『日本書紀』には、その光景を見たアマテラスが「何とかもアメノウズメは楽《あそび》し、八百万の神、もろともに笑う」と言ったと記されています。「楽し」を「あそびし」と読ませているわけですが、神話の時代から、しっかりと「遊び力」の存在が認められていたのです。

それにしても、日本の「文化の祖型」であるはずの記紀神話は、まるでコメディみたいなストーリーだらけです。

たとえば、奈良の大神神社の祭神であるオオモノヌシ命は、オオクニヌシ命の「幸魂《さきみたま》・奇魂《くしみたま》」とされるほど、高貴な神様です。だから二十一世紀の現在も、大神神社には参拝客が絶えません。

そんな霊格の高い神が、セヤダタラヒメという人間の娘に惚《ほ》れ込み、彼女が河原にしゃがんで用足しをする時を見計らって、赤い丹塗《にぬ》り矢に変身し、上流から流れていきます。そして、彼女のホトに突き刺さります。

これは今なら究極のセクハラですが、きっとオオモノヌシ命に詰問すれば、「ボク、神様なんで、ちょっと人間の娘さんと遊んでみたかっただけだよ」とでも言い訳するでしょう。

彼女は驚き、家に走り帰るのですが、その矢を自分の部屋の床の間に置くと、美男子に変わったのです。それがオオモノヌシ命だったわけですが、その後、二人の間にはヒメタタライスケヨリヒメという娘が生まれます。その彼女が長じて、なんと神武天皇の皇后になるのです。

神武は初代天皇であり、皇室の原点となる人です。今も彼が祀《まつ》られている橿原神宮は広大な境内に包まれ、皇族も参拝します。

その人の妃《きさき》になった女性が、こんな奇想天外な男女の交わりから生まれたというのは、とても愉快ではありませんか。マジメどころの騒ぎではありません。

縄文人は遊びの天才だった！

日本文化の原型は、縄文時代にあります。縄文人は無文字民族でしたが、文字に頼らないぶん、天才的な表現力を発揮しました。そのことは、遊び心いっぱいの土器や土偶を見れば、すぐに分かります。

彼らにとって、祈禱《きとう》・照明・暖房・調理などの目的で、炎の存在は絶対必要条件だったはずです。だからこそ、炎に対して特別な感情を抱いていたのであり、それを火焔《かえん》土器という形で表現したと思われます。

全国各地の博物館で展示されている火焔土器の実物を前に、しばらく佇《たたず》んでみてほしいのですが、あれだけ逞《たくま》しく炎のディフォルメをやってのける縄文人の想像力と、それを土器に焼いてしまう彼らの造形力は、人類史上でも特筆すべきものがあります。彼らは、自分が炎そのものになるまで、ひたすら炎を見つめていたのではないでしょうか。

時間や効率に追われ、単に実用性のみを求めていたら、あんな手の込んだ火焔土器のような、非実用的なデザインは誕生しなかったはずです。

火焔土器を前にした天才芸術家・岡本太郎は「これでもか、これでもかと執拗《しつよう》に迫る緊張感。しかも純粋に透き通った神経の鋭さ。常々、芸術の本質として超自然的激越を主張する私でさえ、思わず叫びたくなるすごみである」と叫びました。

宇宙人みたいな遮光器土偶も、奇想天外な造形物です。あんな格好をした宇宙人がUFOに乗って飛来し、縄文人と仲良く交流していたとしたら、それはそれで面白い話ですが、恐らく彼らのイマジネーションで作ったはずです。

口縁部に小さな穴がたくさん空いている有孔鍔付土器《ゆうこうつばつき》も多数発掘されていますが、あれはきっと紐《ひも》を使って動物の皮を張った太鼓だったと思います。鍔は、紐をひっかけるために使われたのでしょう。縄文遺跡からは、木琴や口琴なども発掘されています。

そういう楽器を演奏して、歌い、踊っていたと想像します。もちろん、キビやドングリを発酵させて作ったドブロク酒も呑《の》んでいたでしょう。酒好きの文明論者である私は、人間は酒なしには文化を創りえないと考えています。

あれだけ豊穣《ほうじょう》な土器や土偶を創作する縄文人が、賑《にぎ》やかな音の中で酔い痴《し》れて、踊り狂わなかったはずはありません。

空前絶後の一万三千年という長期にわたって継続した縄文文化には、戦争をした形跡が見つかっていません。縄文人の旺盛な「遊び力」が、平和志向の文化を作り上げたのです。

ところがその後に登場した弥生人たちは、稲作や鉄器作りに精を出したものの、好戦的な人たちでした。日本神話の中で繰り広げられる神々の戦いは、弥生人たちの部族抗争を反映しています。

生命力溢《あふ》れる縄文土器と、扁平《へんぺい》な弥生土器を並べてみれば、二つの時代の境目で何か決定的に異なる変化があったことが歴然としています。その違いこそが、遊びか仕事か、どちらを優先させるか、にあったように思います。

現代日本人は、自分たちのいちばん古いご先祖に縄文人という「遊び力」の天才たちがいたことを再認識し、それを誇りとするべきではないでしょうか。

現代の先進国首脳会議でも、儀礼的な議論ではなく、各国首脳が綱引きをしたり、サッカーをしたりして数日を過ごしたほうが、よほど世界平和に貢献するような気がします。

人間性の根幹にかかわる「遊び力」

ふだんは勤勉に働く庶民の「遊び力」が最大限に発揮されるのが、祭りです。日常の世俗的な時間が「ケ」とすれば、神々と交流する神聖な時間が「ハレ」となります。

ハレの日には、汚れ切った野良着を脱いで、人々は晴れ着をまとい、氏神様に集います。そこで神官を中心に厳かに神事を営んだ後、直会《なおらい》でお神酒とご馳走《ちそう》を賑やかにいただきます。

祭りの原点は、その地域に伝わる神話や民話にあるわけですが、今ではすっかりそのルーツが曖昧になり、ただ伝統を継承しているケースも少なからずあるでしょう。しかし、それでもいいのです。


非日常性が凝縮された祭りは、ナンセンスであればあるほど、馬鹿げていればいるほど、生きた祭りといえます。「血騒ぎ、肉躍る」というのが、ハレの日の祭りの〈いのち〉であり、そこでケの日の労働に疲れた人間の魂がリフレッシュされていくのです。

とくに奇祭と呼ばれるものほど、人間の「遊び力」が剝《む》き出しとなり、誰もがエキサイトします。コスモスから飛び出して、カオスの真《ま》っ只中《ただなか》で解放感を味わうことのできる奇祭には、人間の精神のバランスをとるという大切な役割があります。

奇祭には三つの柱があります。一つ目の柱は「狂い」、二つ目の柱は「笑い」、三つ目の柱は「セクシュアリティ」です。奇祭というのは、そんな人間性の根幹にかかわっているのです。

たとえば埼玉県上尾市の「どろいんきょ」では、神聖な神輿《みこし》を何度も泥の中で転がし回った挙げ句に、人間がその上に乗って、ひょっとこ踊りなどを舞い始めます。それで疫病祓いを祈るようですが、まるで神と人間が一緒になって泥遊びをしている印象を受けます。最後は神輿を縦にして、その上に再び人が乗り、他の祭りによく登場する山車のように車輪もつけることなく、神社まで引きずっていきます。この「狂い」の行為が神聖な神を祝う祭りであることを理解するには、少し時間を要します。

もっと激しく、もっと乱暴に神輿を扱うのは、能登半島の宇出津に伝わる「あばれ祭」です。担ぎ手たちが海や川、最後は火の中にも立派な神輿を放り投げ、暴れまくります。二日間、徹夜で営まれるこの祭りは、能登半島に四千年間も定住していたという縄文人の狂おしいまでの「遊び力」を彷彿《ほうふつ》とさせるものです。

一神教の世界では神への冒瀆《ぼうとく》行為は厳しく断罪されますが、日本の奇祭では乱暴を働けば働くほど、神々が喜ぶという信仰があるのが不思議です。

次に二本目の柱である「笑い」ですが、それは遊びの核心にあり、人間の感性の中で、いちばん神に近いものではないかと思います。それがゆえに、笑いも神事の中で極めて重要な位置を占めているわけです。

熱田神宮の酔笑人《えようど》神事では、真夜中に境内のあちこちで神官たちが大声で笑います。一度、盗まれた草薙の剣が無事に戻ってきたことを喜んだ故事に始まるようです。

和歌山県にある丹生神社の「笑い祭り」では、顔に白粉《おしろい》を塗り、「笑」と赤字で書いた「鈴振り」が「笑え、笑え。永楽じゃ、世は楽じゃ」と呼びかけながら練り歩きます。枚岡神社（東大阪市）の注連縄掛神事《しめかけしんじ》では神官が三度ほど笑った後に、千人の人たちが二十分間、豪快に笑い続けます。

千年以上も続いている山口県防府市の「笑い講」では、向かい合った氏子が榊《さかき》を持って三回大声で笑います。一回目は去年の豊作に感謝し、二回目は来年の豊作を祈り、三回目は今年の苦労を忘れるための笑いと定められており、氏子全員が参加します。笑い方が中途半端だと、長老からやり直しを命ぜられるほど、真剣に笑います。

三本目の柱である「セクシュアリティ」ですが、これに関しては枚挙に暇《いとま》がないほど、たくさんの祭りが存在しています。

たとえば福井県の「八朔祭り」、新潟県の「ほだれ祭」、愛知県の「豊年祭」、神奈川県の「かなまら祭」、徳島県の「姫神祭」などでは、多産や五穀豊穣などを祈って、性器の形をした神輿を担ぎます。

三重県の「ごんぼ祭り」では、大きな男根と大縄で造った女陰の合体が祭りのクライマックスになります。地元では、牛蒡《ごぼう》が精力剤になると信じられていたらしく、祭りの後には味噌《みそ》であえた牛蒡料理が振る舞われます。

セクシュアリティは、人間が世々代々、生命を維持していくためには重要な要素ですが、それをいかがわしい秘事ではなく、陽気な祭りの中に取り込んでしまったのが、いにしえの日本人の「遊び力」にほかなりません。

「遊び」が創り上げた雅の文化

鎌倉時代に武家社会が始まり、主君に仕えて勤勉に働くという封建的な倫理観が主流になるまで、日本人はもっとのんびり生きていたのではないかと思うのです。平安時代の文化が論じられる時も、あまり勤勉という考え方が出てきません。ましてや効率など、無縁の概念のように思えます。貴族たちは和歌の腕を競ったり、蹴鞠《けまり》や打毬《だきゅう》をしたりして楽しむことが、大きな意味をもっていたのです。

『源氏物語』に登場する光源氏ともなれば、次々と異なる女性たちの間を泳ぎ回ります。そして本人も女性たちも雅《みやび》の世界に戯れ、また、その移ろいやすさに涙を流したりして、物語が展開していくわけです。

フィクションですから、あれがそのまま貴族の現実だったとは思いませんが、少なくとも、そういう遊びの文化が定着していたはずです。

そういえば、平安朝では「薫物合せ《たきものあわ》」といって、伽羅《きゃら》などの貴重な香木を焚《た》きながら、文学作品を鑑賞するという宮廷遊戯も人気がありました。それが、現代にも伝わる香道のルーツになっています。

『梁塵秘抄』には、催馬楽《さいばら》のことが触れられていますが、これは平安時代の流行歌と踊りを合体させたもので、踊り手たちはどこかユーモラスな振り付けで舞います。

元々は、朝廷に年貢を納めに行く道中に、馬子たちが歌ったり、踊ったりしたことに起源があるようです。それが進化して、やがて「御遊《ぎょゆう》」と呼ばれるようになり、宮廷で皇族や殿上人が一緒になって歌舞に興じ、楽器を演奏するようになったのです。

ほかにも平安時代には、相撲・綱引き・競馬・競舟・射弓・羽根突き・爪揚げなどの遊びがあったようで、天皇から庶民までけっこう遊びを楽しんでいました。それが今に伝わる雅の文化を形成したとなれば、「遊び力」を侮るわけにはいきません。

京都の高山寺に国宝に指定されている『鳥獣戯画』がありますが、あれをよく見てみると、遊び心だらけです。ツバの長い帽子や下駄《げた》を身につけた蛙《かえる》は、のんびりと扇子で自分を扇《あお》いでいます。木の葉の帽子をかぶった狐《きつね》は、木の枝を刀のつもりで腰に下げています。木の葉を頭、肩、腰回りにつけた猿たちの中には、得意げに烏帽子《えぼし》をかぶっている者もいます。そのお公家《くげ》さんのような猿を大きな葉っぱを傘にして覆っている蛙もいます。

彼らが水遊びをしたり、賭弓《のりゆみ》といって弓で賭け事をしたり、相撲をとったりしています。人間もきっとそういう遊びをしていたのでしょう。そして、法事に出たり、喧嘩《けんか》をしたりしています。

そこにあるのは、当時の人間の当たり前の暮らしです。最後は、叢《くさむら》から蛇が突然現れて、動物たちはおっかなびっくり、一目散に逃げていきます。

『鳥獣戯画』は、平安時代の複数の画家が描いた絵を繋《つな》ぎ合わせたものらしいですが、大宮人もけっこう、動物を観察しながら、愉快な想像をしていたのです。

武家社会になると、禅の影響か、水墨画が主流になりますが、やたらと枯淡を衒《てら》って、絵画の世界からも「遊び力」は急速に希薄になってしまいます。

鎌倉時代に始まった武家政治に終止符を打つことになった徳川幕府は、全国に寺子屋を作り、儒教の教えで封建制度を維持しようとしました。士農工商という明確な社会階層も制度化しましたが、どうやらその実態は、かなり流動性のあるものだったようです。禄《ろく》の少ない下級武士などは、町民に交じり、内職をして糊口《ここう》をしのいでいたわけですから、威張りようもありませんでした。

祭りの日には庶民の無礼講が許され、あちこちの町で遊郭が繁盛していました。

男女の秘め事がおおっぴらに受け入れられていたのです。
九時五時の仕事もなければ、残業もありませんでしたから、暇さえあれば相撲やら芝居やらに夢中になっていました。浮世絵は今でいえば人気スターのブロマイドですが、あれだけ持て囃《はや》されたというのは、庶民がさまざまな遊びの文化を享楽していた証《あか》しでもあります。

今でも高く評価されている江戸文化というのは、幕府が作ったのではなく、庶民の「遊び力」が作り上げたといっても過言ではないでしょう。

「痴聖人」こそ理想の人間像

私はよく講演で『十牛図』の話をします。もともと唐代に禅の修行者の教育用に作られた十コマ漫画ですが、人間の心理学的な成長過程をうまく描写しているために、現代でも大いに共感を呼ぶ内容になっています。

第一図では、どこかに逃げていった牛を牛飼いの少年が、血相を変えて探しています。牛は野良仕事に欠かせない存在だったのですから、それがいなくなれば、一大事です。

第二図では、牧童が牛の足跡を発見します。それまでは五里霧中だったのに、ついに探すべき方向が見つかったのです。その瞬間、「シメタ！」と思ったことでしょう。

第三図では、牛のシッポが見えていますから、とうとう牛を見つけたのです。そこにたどり着くまでに、牧童はどれほどの時間を費やしたことか。

第四図では牛の首に縄をかけ、必死に引っ張ろうとするのですが、牛は逃げようとします。渾身《こんしん》の力を振るい、牛を捕まえようとする牧童の正念場です。

第五図は、牛が逃げるのを諦めて、牧童と一緒に家路についています。「やれやれ」という安心感が漂っています。

第六図では人牛一体となり、牧童が牛の背中に乗って、楽しげに笛を吹いています。牛も帰るべき道を知っているので、もはや手綱をとる必要もないのです。優良企業の経営者みたいなもので、いちいち社員に指図しなくとも、仕事に情熱をもつ社員が勝手に働いてくれるのです。

第七図は、牛が小屋に戻り、安心し切った牧童が昼寝をしています。きっと達成感に満たされているのでしょう。人間の主体性を示しています。

第八図は、人も牛も消え、円相が描かれているだけです。物事を成し遂げた後にのみ手に入る「無心無我」の境地が、円相で表現されています。よくお坊さんは「無欲になれ」と説教しますが、それはどだい無理な話です。人間は自分が望んだ道で、それなりの成果を出さないと、不完全燃焼で終わるだけで、「無欲」になんかなれるものではありません。

第九図は、梅の枝が描かれていて、当たり前の日常に戻った光景です。以前の風景と同じといえば同じですが、一度失ったものが手に入った後の喜びの中にいるので、すべてが光って見えます。

そして最後の第十図に登場するのが「痴聖人」です。あの若い牧童が長い人生を味わい尽くし、今や布袋《ほてい》さんのようなメタボの爺《じい》さんになっています。

これまで厳しい修行をしたり、難しい仏典を読んだりしてきたかもしれないけれど、そんなものはもう関係ない。ただの禿《は》げたメタボ爺さんになって、分け隔てなく誰にも楽しげに語りかける。ぶらぶらと散策している彼に会っただけで、村人は何だか幸せな気分になります。

別に彼が特別なことを口にしなくても、彼の微笑《ほほえ》みが円熟した境地を物語っています。『十牛図』の原画には、痴聖人は雪を担いで行っては、井戸を埋めようとするような人物だと説明されています。つまり、無駄なことを平気でやってのける愚か者なのです。

すべての社会的な価値観からも解放され、ただ自分がそのままの状態でいるだけです。そのとぼけた風貌からは、悟っているのかどうか、教養があるのかどうかも分かりません。

それでも彼に出会った人は、彼の幸せオーラに包まれて、ニコニコと立ち話をしていくのです。

一個の人間として、ただ自由に生きているのが痴聖人です。そこに義や知が入ると、自由が拘束されてしまいます。そうならないように、やまいだれの「疒」という文字が使われています。そこに昔の中国人の深い知恵を感じます。

たかが十コマ漫画の『十牛図』ですが、その背景には古代インドにルーツをもつ深遠な華厳哲学があるのです。とくに「痴聖人」は、個々の存在が平等に尊厳を保ちながら融合している「事々無礙法界《じじむげほっかい》」という究極的世界観を表現しています。それが「遊ぶっきょう」の基本思想でもあります。

ゴールなんて設定する必要はありません

「痴聖人」は、徹底した自由人です。何をやってもやらなくても、遊び半分です。遊び半分というのは「いいかげんに、手を抜く」という意味ではなく、「遊び力」で今という瞬間を楽しむことです。好きだからやる。やりたくなければやらない。打算を排除した、自由な生き方です。

この状態を「遊戯三昧《ゆげざんまい》」と言います。私はこの言葉の中にこそ、遊ぶっきょうの極意があると思っています。

私は家庭をもつ女性からよく相談を受けるのですが、ご主人や子供たちの言いなりになるばかりで、自分の考えを少しも言えていない。そのうちにいろいろな出来事が起こり、家族に歪《ゆが》みが生じ始めたというような話です。従順でマジメな妻のようであって、何か大事なものが欠落しています。

まず自分を生きていない。次に溌剌《はつらつ》とした人生を歩んでいない。そして一家の精神的大黒柱としての自覚が足りない。妻であり、母であるはずの女性が自分の軸足を定めていなければ、家族が揺らぎ始めるのは当然のことです。

そういう方には、自分が内面に隠し持っている「遊び力」をしっかりと表に出して、人生をエンジョイしてほしいと思います。そこから家族関係の再構築が始まります。

人が社会人となって、会社に入社してから何十年かして定年退職するまで、いろんな段階があると思いますが、それをすべて遊びと捉えたらどうでしょう。

課長や部長になるために仕事をやるわけではありませんよね。もちろん給料は上がったほうがいいし、出世したい気持ちを否定するわけではありませんが、そこに目的はないはずです。

それよりも、毎日の業務を「遊びの境地」で受け止め、楽しんでいることができれば最高です。

多くの人が人生の中で勝手にゴールを設定して苦しむわけですが、ゴールなんてそもそも設定しなくてもいいのです。

ゴールがあると、そのゴールに向かって右往左往したり、がんじがらめになってしまったりします。

創業当時のソニーは、フロー経営によって社員を信じ、各人が好きなテーマを見つけて没頭することで、世界に通用するような製品を作り上げ、大きな成果を出しながら伸びていきました。

稲盛和夫さんの京セラも、アメーバ経営によって各部門で実勢を持ってオリジナルな仕事をするという哲学を全うしました。

これらもまた、自分が今任されている仕事をエンジョイすることで、結果としていい成果が出てくるということの大切さを教えてくれているのです。

「真剣」と「遊ぶ」は紙一重

私は貴重な青春を棒に振って二十年間もお寺の土塀の中で過ごしたので、女の子とデートをしたこともなければ、映画を見に行ったこともない青春欠落人間です。人が昔の流行歌やフォークソングの話をしても、自分は聞いたこともないので、話についていけません。

そんな青春喪失感が逆噴射して「遊ぶっきょう」という考えをもたらしたのかもしれません。

要するに、人間は何歳であっても、現在そういう境遇に置かれていることには、それだけの理由があるのですから、それを楽しまないと損です。いつまでもグチグチ言っているのは、遊びも仕事もろくにできないダメ人間の証拠です。

とくに男性は仕事を定年退職したあたりから、メッキがはがれて、地金が見え始

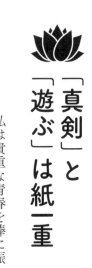

めます。無気力になって、どんどん老けこんでいくタイプと、仕事から解放されて、いよいよ自分の本音の世界を楽しげに生きるタイプに分かれます。

もちろん、後者のほうが幸せな生き方ですが、退職してからジタバタしても手遅れです。若いうちから「遊び力」を十分に鍛えておかなくてはなりません。

昔から「○○と天才は紙一重」と言われてきましたが、じつは真剣であることと遊ぶことも、同じような距離にあります。

何か一つのことに真剣に向き合い、没頭していれば、ゾーンに入ります。ゾーンとは、自分であれこれ考える必要がない状態です。飛行機でいえば、自動操縦しているようなものです。

リサイタルを控えたピアニストは、何百時間も練習すると思います。お客様に高いチケットを買ってもらうわけですから、その期待を裏切るわけにはいきません。プロの音楽家たちも観客に混じって耳を澄ませているはずですから、万一、失敗でもしようものなら、大切なキャリアに傷がつきます。そんなプレッシャーを感じながら、本番当日バッチリと正装して、ステージに上がります。緊張もマックスです。

しかし、鍵盤に指が触れるやいなや、それまでの緊張が雲散霧消し、自分が奏でる音楽に溶け込んでいきます。数分も経《た》てば、もはや大聴衆の前にいることも忘れ、自分一人の世界に入っていきます。指も足も勝手に動き、まるでピアノと自分が戯れているような感覚に浸ります。その時、まさに真剣と遊びが紙一重になっています。

さらに進んでいくと、音と旋律のみの世界が広がり、自分さえも消えていきます。それがゾーンです。先ほど引用した『十牛図』でいえば、人も牛も消えた円相で描かれている境地です。

そんな体験を味わえるのは、ごく一握りの人だけかもしれません。しかし、言い訳は許されません。大いなる凡才である私たちも、どこかで紙一重体験を味わわなくてはいけないのです。そうでないと、世間の常識とか、他人の目とかに振り回されるだけの皮相な人生で終わってしまいます。

自分の足元を掘り下げ、地下に流れる清流を汲《く》み上げてこその人生なのです。

反復言葉で生じる脳内変化とは？

「痴聖人」は禅の世界で生まれた概念ですが、昔は念仏信者の中にもいました。浄土真宗では、妙好人と呼んでいました。その多くは、無学で貧しい庶民でしたが、熱心にお寺に通い、お坊さんの説教を聞くうちに、深い信仰を得た人たちです。

彼らは阿弥陀仏《あみだぶつ》を思慕しながら、ひたすら「なむあみだぶつ」を唱え続けます。四六時中、途切れることがないので、そのうちに阿弥陀仏と自分が一体となるような心境になっていきます。

そうなれば、説教をしていたプロのお坊さんたちよりも深い境地に至ったりするのです。

これを現代の神経科学の知見に照らし合わせれば、それほど不思議なことではありません。念仏や真言のような短い言葉を何万回も反復するうちに、脳内ホルモンに大きな変化が起こり、恍惚感《こうこつ》に浸れるようになります。いわゆる超越的多幸感に浸り、現実がどれだけ厳しいものであっても、生きていること自体を楽しめるようになるわけです。

その時、脳波はアルファ波を通過して、シータ波やデルタ波にまで変化し、脳内ホルモンはオキシトシンなどの幸福物質が急増しているとされます。

それは憶測ではなく、私が実践している声の瞑想法《めいそう》「ありがとう禅」でも、専門家の臨床実験で確認されています。

唱えるのが「なむあみだぶつ」でも「ありがとう」でも、大差はありません。そういう念仏を何十年も続けていくわけですから、極めてポジティブな心理状態がパーソナリティとして定着していくことになります。

そういえば、ブッダの弟子にも「痴聖人」がいました。チューダ・パンダカという弟子ですが、彼は自分の名前も覚えられないほど、頭が悪かったのです。あまりに自分が愚鈍なので、他の僧侶に迷惑をかけることを申し訳なく思い、ブッダにサンガ（道場）を去りたいと申し出ます。
するると、ブッダは「自分が愚かだと気づいている者が、愚かであるはずがない。自分は、賢いと思い上がっている人こそが愚かだ」と慰め、パンダカに一本の箒《ほうき》を渡して「塵《ちり》を払わん　垢《あか》を除かん」と唱えながら掃除するように命じます。

その時以来、パンダカは「塵を払わん　垢を除かん」を呪文のように唱えながら掃除を続けました。彼の中では、掃除が瞑想となり、やがて遊んでいるような心境になっていったのでしょう。

そして数年後のある日、忽然《こつぜん》と悟りを開きました。念仏の反復で心境を開いた妙好人と同じことが起きたのです。

いずれの宗教にも、念仏のように繰り返す短い祈りの言葉があります。クリスチャンは「主の祈り」というものを日々唱えます。密教の真言はサンスクリットのマントラの音写なので、舌を噛《か》むような複雑なものが多いのですが、脳の活性化には一定の効果があるはずです。

私は不動明王真言「のーまく、さーまんだー、ばーざらなん、せんだまかろしゃな、そわたや、うんたらたーかんまん」とか、虚空蔵菩薩真言「のうぼう　あぎゃしゃ、きゃらばや、おんありきゃ、まりぼりそわか」とかをよく唱えます。

深山幽谷の中で唱えていると、自然との一体感が得られます。それは修行というよりも、遊びに近いものがあります。頭の運動だと思って、一度、トライしてみてください。

人類はいつも「音」で遊んできた

音楽も人類発祥と共に存在したと思います。今でも熱帯雨林に暮らす原住民たちは、空洞になった樹の幹を叩《たた》いたり、口笛を吹いたり、弓の弦を弾いたりして、彼らなりの音楽を楽しんでいます。

日本の弥生遺跡からは大量の銅鐸《どうたく》が発掘されていますが、弥生人も音遊びが好きだったのでしょう。木製の楽器もいろいろと存在したはずですが、朽ちてしまって発掘されないだけではないかと思われます。

私は海外に出ると、なるべくその国の民族音楽を聞くようにしています。西洋のクラシックと大きく異なるのは、指揮者が不在であることと、五線譜が存在しないことです。めいめいが勝手に演奏しているようでありながら、調和がとれているのが不思議でなりません。

それを西田幾多郎ふうに表現すれば、「述語的論理」の音楽と言えます。指揮者という「主語」がなくても成立するのが、民族音学の醍醐味《だいごみ》です。

人間が本能的にもっている「遊び力」は、つねに音と共に歩んできたといっても過言ではないでしょう。

現代でもクラシックのみならず、ロックやジャズ、フュージョンなど多種多様の音楽が存在します。

ニューヨークの地下鉄の駅では、いろんな人種の人たちが素晴らしい即興演奏を繰り広げています。オーディションを通過してきた人たちばかりなので、中途半端な演奏ではありません。私はよく立ち止まって、聞き入っていました。そこにアメリカの底力である「遊び力」の一端を垣間見《かいまみ》ていたからです。

日本でも、琴、三味線、篠笛《しのぶえ》、尺八、和太鼓などの伝統的な和楽器を混ぜ合わせて、まったく新しい音楽のジャンルを創ろうとしている人たちもいます。それぞれの和楽器が従来の家元制のような枠組みの中に閉じこもっていたなら、自然消滅の道をたどらざるを得ません。

そこからしっかりと技術を習得した人たちが飛び出してきて、和洋楽器のフュージョンを生み出せるようになれば、きっと新しい世代の心もつかむことができるのではないでしょうか。

このように、人類の歴史がいつも音と共にあったことを考えると、現代人も大いに音と戯れて、本来の活力を取り戻さなくてはなりません。

第二章

無邪気は最高のエネルギー

遊びはトラウマを消す最高の方法

人間は、誰でも大なり小なりトラウマを抱えているものです。これだけ複雑な人間関係の中で生きているわけですから、それは致し方のないこと。自分は大丈夫でも、家族や友人のことで深く悩んでいる人は、無数にいるはずです。家族や友人すらいない孤独の中で暗い日々を送る人も、また数かぎりありません。

おまけに、生きているかぎり、病気やケガをしたりもします。ガンなんて二人に一人がかかる時代になりましたから、耳を澄ませば、死の足音はすぐそこに聞こえているのかもしれません。

災害列島・日本に住んでいると、地震やら台風やら洪水やら山崩れやら火山爆発やらで、一瞬にしてすべてを失うということもあります。

また、お金を儲《もう》けたり、損をしたりするのも、この世の常です。一介の会社員はもとより、経営者ともなれば、枕を高くして眠れる人は幸運です。社員の生活まで抱え込んで、つねに神経が張りつめているはずです。

この世は、トラウマ天国です。奇妙な表現ですが、それが事実です。でなければ、これだけ多くの人が自死の道を選ぶはずもありません。

精神科医に通っても、容易にはトラウマは消えません。多剤処方のドツボにはまって、抜け出せなくなる可能性もあります。先端的な医学の知識と高潔な人格を持ち合わせる医者に出会えば希望はありますが、そういう医者との出会いは、やや宝くじめいたところがあります。

かといって、霊能者に除霊をしてもらったところで、トラウマが消えるわけでもありません。霊的なことで、とんでもない額のお金を使い果たしたという人も少なくありません。

遊びの深い喜びの中で、トラウマに邪魔されない自分を見つけなさい、というのも「遊ぶっきょう」の教えです。

トラウマを受けるだけのつらい体験は、実際に存在したわけですから、その事実を否定することはできませんが、過去は過去です。どんなことがあったとしても、真っ白な今を楽しく生きる道を見つけなくてはなりません。

そしてもう一つ大切なのが「感謝」です。「感謝は希望の母である」というのが、私の持論です。

十三世紀のペルシアで活躍した詩人ジャラールッディーン・ルーミーの思想に、私は共感しています。彼の言葉に「悲しむな、失ったものは別の形で戻ってくる」というのがあります。彼は「傷とは、光があなたの中に入り込んでくる場所だ」とも言っています。

さあ、顔をしっかり上げて、つらい過去があったぶん、明るい未来が待っているのだと信じましょう。

トラウマは「過去からの記憶」ですが、希望は「未来からの記憶」です。

「遊び力」で暗い過去から心を解放し、「未来からの記憶」を手繰り寄せる。

「遊ぶっきょう」の教えは軽いようで、じつはとても深いのです。

遊びには「面倒くさい」がない

遊びのいちばん大きな特徴は、**「面倒くさい」がない**ことです。

自分が好きで遊んでいるわけですから、少しも苦痛になりません。時間が経《た》つのも忘れるぐらいです。

私は小学生の時、カナヅチだったので水が怖いと思っていました。でも今は、私は水泳抜きには一日が終わらないぐらい、泳ぐのが好きです。アメリカの大学には年中泳げる屋内プールがあり、しかもサウナなどの付随施設なども整っているので、昼休みなどを利用して、ごく自然に水泳が日課になってしまったのです。

現在の住まい「ありがとう寺」から市営プールに行くのに、車で二十分ぐらいかかります。護摩や来客でいくら忙しくても、時間を見つけて行きます。好きな水泳のためなら、面倒くさいとは思わないのです。

私の愛車は二十二年物の軽トラですが、しかも四輪駆動のマニュアル車です。近所の中古車屋の店頭にあったマニュアル車を十万円ほどで買ってきて、遊び感覚で運転するようになりました。

オートマしか運転していない人は、マニュアルなんか面倒くさいと思うのでしょうが、私はマニュアル車を運転していると、面倒くさいどころか「人車一体」となり、車と戯れているような気になってきます。

それにオンボロ車だと、多少傷がついても平気なので、どんな悪路でも気兼ねなく運転できます。

アメリカで貧乏学生だった時には、極端に安いオンボロ車を手に入れては、自分で修理していました。日頃、難解な英語で書かれた哲学書ばかり読んでいたので、週末に油だらけになってエンジンルームに頭を突っ込んだり、車の下に潜ったりして、あれこれ修理するのは、私にとって愉快な遊びとなりました。

寺では大八車かリヤカーしか引いたことがなかったので、クルマのメカについては、当初さっぱり分かりませんでした。それで書店を探し回り、クルマの修理マニュアルを買ってきて勉強しました。もちろん、すべて英語です。それでも分からないところは、ガソリンスタンドのおじさんに教えてもらったりもしました。

そんな涙ぐましい努力のおかげで、エンジンを半分ぐらいまでなら分解できるようになり、エンジン音だけでクルマの調子が分かるようになりました。

負け惜しみのようですが、オンボロ中古車の味をしめると、大型高級車を運転している人が気の毒にさえ思えてきます。テスラを二台も持っている友人がいますが、全然羨ましく感じません。私の軽トラと交換してあげようかと言われても、たぶん断ると思います。

もちろん、万に一つも、そんなことを言われる気配はありませんが。

遊びに「比較」は無用です

仕事と遊びの大きな違いは、仕事にはつねに比較がつきまとい、**遊びには比較の余地がない**ということです。

仕事なら、Aさんのほうが B さんよりも仕事が早いとか、売り上げが大きいとか、そういう話になります。でも遊びに関しては、スキーで急斜面を滑降していよ うが、家で裁縫していようが、本人が楽しんでいれば、それで完結しているので、比較する必要がありません。

上手下手の差はあっても、遊びの喜びは平等なのです。

スポーツも本来、勝敗は二の次で、純粋な遊びであり、祈りでした。

日本各地に神事としての相撲が伝わっていますが、見えない神様とひとり相撲をとったり、二人の力士が必ず一勝一敗になる取り決めがあったり、じつに愉快なものです。そしてみんなで豊作豊漁を祈ったのです。

それは日本だけではなく、昔のスコットランドでは、秋の豊作を象徴する既婚の夫婦と、不毛の冬を象徴する未婚のカップルがサッカー試合を開いて、必ず既婚夫婦チームが勝利することが決められていたそうです。

東南アジアでもマラッカ諸島などでは、干ばつが続くと雨組と晴組が大綱引きをして、雨組が勝つことが定められていました。

このように、近代以前ではスポーツは祈りであり、遊びだったのです。

ところで、**「遊び」のあるところには、必ず「笑い」があります。**遊びと笑いは、一卵性双生児と言ってもいいでしょう。

笑いには免疫力を高める効果があるということで、インドの医師が「ラフターヨガ」（笑いヨガ）を発明しましたが、私は日本オリジナルの「笑いの神事」をセミナーなどでよくやります。

競争社会の中で、ピリピリと神経を尖《とが》らせながら、暮らしている人が無数にいます。一見、勝ち組にいるような人でも、恐ろしいほどのストレスを抱えていたりするものです。職場だけではなく、学校や家庭からも笑い声がずいぶん少なくなってしまいました。それが現代という時代なのです。

気の合う仲間と遊んでいれば、自然と笑い声が漏れてきます。人工的な笑いをめざすのではなく、遊びの中で笑うほうが健康的です。

居酒屋に行くと、仲間同士で異常なほど大声で笑いあっている光景によく出くわします。それもストレス発散の一つなのかもしれませんが、たぶん、そういう人たちにかぎって職場ではろくに言いたいことも言えずに、じっとガマンしているのではないかと、いらぬ想像をしてしまいます。

もっと自然体の笑いのほうが、魂に染み込んでいくのではないかと思うのですが。

童心に帰ることがなぜ重要なのか

遊びに関しては、子供がわれわれの先輩となります。とくに自我意識が発達する前の幼稚園児や低学年の小学生は、本当によく笑い、よく遊びます。

彼らは、やりたいことを思う存分だけやって、飽きたらやめます。飽きなければ、親に「ごはんですよ」と声をかけられてもやり続けます。

そんな無我夢中の遊び方を、子供から学びましょう。

ただ、最近の子供たちは、近所の友達と外で泥んこになって遊ぶ機会がかなり減っているようです。安全面や衛生面の懸念が少しでもあると、親や学校が禁止措置をとってしまいます。大人の過干渉が、子供たちの冒険心や想像力を挫《くじ》いてしまう恐れがあります。

さらに抗菌グッズしか持たせないほど、親が衛生に神経質だと、子供が本来もっている免疫力が落ちてしまいます。寄生虫を抱えている人は、アトピーや花粉症になりにくいという研究もあるぐらいですから、もっと鷹揚《おうよう》でいいのではないでしょうか。

最近、地方への移住が流行しているので、家族が自然豊かな環境で暮らすようになれば、もっと逞《たくま》しく、もっと感受性豊かな子供たちが生まれてくることが期待されます。そういうことこそ、日本の未来にプラスになります。

子供の進学のことが気になって、地方移住をためらう人もいるかもしれませんが、これからは学歴よりも個性で勝負する時代です。今どき、無理をして進学校に子供を送り込むことなど、時代の流れに逆行しています。

私はアメリカの大学で修士号や博士号を得た人間なので、私の肩書だけを見た人は、さぞかし私が子供の頃から英才教育を受けたと思われるかもしれませんが、尋常小学校しか出ていない私の両親は教育に無頓着だったので、私はそろばん塾以外のところに通ったことはありません。

それに中学校からは、ずっとお寺の小僧をしていたわけですから、進学塾はもちろんのこと、英会話学校に行ったこともありません。お寺の坐禅《ざぜん》に通う外国人と遊び半分に会話しているうちに、英語が自然に身についたのです。

そもそも勉強好きな子供はどこにいても、それなりの学校に進んでいきます。私は二人の息子を放任主義で育て、彼らの学校の成績にも無関心でしたが、二人とも勝手にアイビーリーグの大学に進みました。

私が子供たちのことを思い出す時、プリンストンの雪坂をソリで何度も何度も滑り降りたこと、アラスカの山を巨大なグリーズリー・ベアよけのためにフライパンを叩《たた》きながら登ったこと、プエルトリコの海で、ろくに泳げない彼らを連れ出し、マングローブ林を縫って泳いだことなどしか頭に浮かんできません。

私が彼らに教えたのは、けっして勉強ではなく、**体を張っての「遊び力」**だったのです。

教養よりも「想像力」を深める

近代社会では、理性や知性が何より大切なものとされています。だから、早くから学校に通い、理知的なトレーニングを受けるわけです。

合理的な思考力や計算能力に優れた者が優等生で、それらに劣っていれば劣等生となります。劣等生になりたくないから、好きでもない勉強でも、せっせとやってきたのが大方の私たちです。

そんな学校教育には、致命的な欠陥があります。人間が本来持っている想像力を弱めてしまうことです。感性の鋭い青少年は、そのことを察知して学校をやめてしまったりするのです。

創造的な仕事をする人たちの中には、高校や大学中退という経歴をもつ人が多いのは、そういうことにあるのかもしれません。とすると、**中退だって立派な学歴**だと思います。

人間は学歴なんかとは無関係に、**つねに教養を積むこと**が大切です。物知りになるためではなくて、本を読まないと、どうしても視野が狭くなってしまうからです。年をとって変に意固地になる人がいますが、勉強不足が招いた結果かもしれません。

でも、教養より大切なものがあります。

それが**想像力**です。

教養は視野を広めてくれますが、モノを創り出すことはできません。**地上にないモノも創り出してしまうのが、想像力**です。とくに、ユングが言う自己増殖力をもつ「能動的想像力」が極めて大切です。

それがなければ、建築家は斬新な建物を設計できません。小説家や作曲家も、人に感動を与えるような作品を書けなくなります。

本当の一休さんを知っていますか？

さて、テレビアニメで多くの人に知られるようになった一休さんは、まさしく「遊ぶっきょう」の極致というか、権化みたいな人でした。あまりにも振り切れてしまっていて、とても常人には理解しがたいことだらけに見えるのですが、その生き方そのものが「遊ぶっきょう」を体現していたのです。

後小松天皇の落胤《らくいん》として京都に生まれた一休さんは、六歳で禅寺に入門し、厳格な師匠のもとで、妥協のない修行をやり遂げました。あまりにも真剣だったため、途中で挫折しそうになった時は、自殺未遂も起こしています。

しかし、師匠が亡くなると状況は一変、幕府によって制度化された虚構の禅を嫌い、言動がどんどん破天荒になっていきます。何もかもお構いなしでやりたい放題でした。

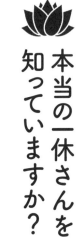

そして、禁じられていた飲酒や肉食だけでなく、女性との恋愛も謳歌《おうか》します。なんと七十七歳の時に三十歳くらいの盲目の女性と恋仲になり、庵《いおり》で同棲生活を始めたのです。『狂雲集』に残された詩文には、そのときの赤裸々な生活が綴《つづ》られており、すべてから解放されたような感性に溢《あふ》れています。

後に「風狂の人」と称された一休さんは、現代で言えば発達障害を抱えていたのではないかと思えるほどなのですが、すべての制限や制約から飛び出して、その時々の思いを飾ったり偽ったりすることなく素直に表現していました。

そういう一休さんは、やりたいことをやりたいようにやりつくしたという意味で、「遊ぶっきょう」の元祖かもしれません。

無心に遊ぶことから創造が始まる

一休さん以外にも、遊び上手な坊さんがいました。

たとえば、良寛さん。彼は子供と遊ぶのが大好きでしたが、無心の戯れは、彼にとって禅的生活そのものだったわけです。

子供とかくれんぼをして、翌朝まで物陰に隠れていたという逸話が伝わっていますが、それほど真剣に遊んでいたのでしょう。

この宮の　木《こ》したに　子供等と　遊ぶ夕日は　暮れずともよし

村のお宮さんの境内で子供たちと遊んでいた時の歌ですが、日が暮れてほしくないほど遊びに夢中になっています。ふつうお寺の住職なら、法要や接客に暇がありませんが、良寛にとっては子供との戯れこそが、仏道修行であり、それを何よりも優先したのでしょう。

手毬もつかむ　野にもいでむ　心ひとつを定めかねつも

今でいえば、子供とサッカーをしようか、それともピクニックに出かけようかと次々と遊びに思いを巡らしているわけです。

ふつうの大人なら、家族を養うために、せっせと働かなくてはなりませんが、独身僧侶だった彼は、そんな責任感もなく、天衣無縫に遊んでいたのです。

風きよし　月はさやけし　いざともに踊り明かさむ　老いのなごりに

そして彼にも一休さんと同様に、熱烈な恋の相手がいました。貞心尼という若い尼さんですが、ひょっとしたら月明かりのもと、村祭りで彼女と手を繋《つな》いで踊っていたのかもしれません。老いた坊さんと若い尼さんが手を取り合って踊る光景を、村人たちも笑いながら見ていたのでしょう。

禅僧といえば、いつもしかめっ面をして、近寄りがたい印象がありますが、良寛はそのようなステレオタイプに当てはまらない自由人だったわけです。

歌で遊んだのは良寛さんですが、絵で遊んだ坊さんが、博多の仙厓《せんがい》和尚です。

この人の禅画は、上手なのか下手なのか、にわかには判じがたいものがあります。一説によれば、彼には細密画を描くほどの実力があったというのですが、残存する彼の作品を見るかぎり、どれも落書きとしか思えないようなものばかりです。本人も「厓画無法」と言っていたように、彼には画法というものがなく、心に浮かび上がったイメージを一気に描いたのです。

生前、すでに禅画の仙厓さんとして知られていたらしく、博多の人たちが次々訪れ、彼に絵を描いてもらおうとしていたようです。

そんな彼が面白い歌を詠んでいます。

うらめしや　わが隠れ家は雪隠《せっちん》か　来る人ごとに紙おいてゆく

依頼主が置いていく奉書紙で、彼の部屋は足の踏み場もなくなっていたのかもしれません。それをトイレットペーパーに例えているわけです。

しかし、出光美術館にも仙厓コレクションがあるぐらいですから、一流の禅画とみなされているのです。

龍と虎の絵もありますが、いかにも漫画チックで何が描かれているのか、よく分からない。虎図のほうは、自分で「これは虎かな、猫かな」と賛をしているぐらいです。

龍図のほうには、こう書かれています。

是何、曰龍、人大笑、吾亦大笑

いったいこれは何なの、龍じゃないかな。そういって人は大笑いするけど、自分もまた笑ってしまったよ、という具合です。

仙厓の禅画には決まった画法がなくても、一貫したモチーフがあります。それは自分の絵を見る人を笑いに誘うということです。それを見て、自分も笑っています。つまり、笑いの中で、自他不二の世界に引きずり込もうとしているのです。

「指月布袋《ほてい》図」では、布袋さんがおちんちん丸出しの子供二人と、月を指さしている。そして「あの月が落ちたら、誰にやろうかい」と書かれています。この絵を見れば、誰でも思わず笑ってしまいます。そこが仙厓和尚の狙いなのです。

また「曲芸図」というのがあって、そこでは曲芸師がおもちゃのようなものを空に投げ、それを子供たちが見上げています。

その賛に面白い言葉が記されています。

天気降々、地気昇々、地天為泰、萬物以生

天の気がどんどん降りてきて、地の気がどんどん昇っていく。天と地が一体となった時、すべてが安泰し、そこからあらゆるものが生まれてくるというのです。

これぞ「遊ぶっきょう」の本質です。**天地の間で無心に遊べば、そこからすべての創造が始まる**のです。

寺請制度により、全国の寺院が幕藩体制の中にしっかりと組み込まれていく中で、自分の個性を尊重しようとした良寛と仙厓は、立派に「遊ぶっきょう」の大先輩といえます。

良寛は歌、仙厓は絵というふうに、やはり**自分の個性をなんらかの形で表現することが大切**なようです。私の場合、声の瞑想法《めいそう》である「ありがとう禅」と、炎の芸術ともいえる「弘法護摩」で自分を表現しています。

さらに、自分が創設した「ありがとう寺」をこれからどう作り上げていくのか、一つの芸術作品として真剣に向き合っていかなくてはならないと思っています。

煩悩を断つことなんてできません

「私は、どうも煩悩が多すぎて……」というような言葉をよく耳にします。

「遊ぶっきょう」の教祖を自認する私からすれば、「それがどうしたの？」としか言いようがありません。

肉体をもつ人間ですから、いろいろと煩悩があって当然です。食欲、性欲、金銭欲、名誉欲も、度が過ぎると猛毒になりますが、適度に欲があることは、人間的成長にとって好ましいことです。それがなければ、死んだほうがましです。

道徳家とか宗教家とかが「無欲になれ」と言いますが、無欲になれるのは、強欲という暗いトンネルを通り抜けてからです。

欲望は炎です。炎に直接触れれば、火傷《やけど》します。大きくなりすぎれば、火事になります。だけど、炎がなければ生きていけません。だから、欲である煩悩を否定してはいけないのです。

ここで、一つの例え話をしましょう。

キャンプファイアをする時、まずどうしますか。当然、そのへんにある枯れ葉やら、枯れ木やらを集めます。その枯れ葉や枯れ木がまさに煩悩です。

でも、キャンプファイアをしたいのなら、なるべくたくさんの枯れ葉と枯れ木を集めたほうがいいに決まっています。

あとは火をつければ、見事な炎が立ち上がります。それで料理もできるし、暖もとれるし、明かりにもなります。その周りでフォークダンスもできます。
その火をマッチでつけようが、ライターでつけようが、着火すればいいだけですから、お好きなようにしてください。

そのマッチ、もしくはライターに相当するのが「遊び力」なんです。

もし火をつけずに、集めてきた枯れ葉や枯れ枝を河原に放置するというのなら、それは単にゴミとなります。いろいろと教養を積んだところで、そこに知恵という火をつけなければ、単なる「物知り」で終わります。物知りは、往々にして屁理屈《へりくつ》を語りたがりますから、迷惑な話です。

自分の中に無限に存在する知恵と向き合う

さて、いよいよここで「遊ぶっきょう」の煩悩論をご披露します。

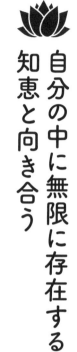

禅宗には「四句誓願」という短くてもエッセンシャルなお経があります。それは以下のようなものです。お葬式なんかでも、お坊さんが唱えることがあるので、よく聞いていれば、分かります。

衆生無辺誓願度
煩悩無尽誓願断
法門無量誓願学
仏道無上誓願成

これと同じように、密教のほうでも法要の最後に唱えられるのが「五大願」です。

衆生無辺誓願度
福智無辺誓願集
法門無辺誓願学
如来無辺誓願事
菩提無上誓願証

両者の違いがどこにあるか、お気づきでしょうか。

まず決定的に異なるのは、二行目です。禅宗のほうでは、「尽きない煩悩を断ちます」と誓っていますが、密教のほうでは「福々しい知恵をかぎりなく集めます」と誓っています。

つまり、密教的には煩悩を敵視せず、そんなものは打っちゃって、積極的に「知恵を集めます」と宣言しているわけです。

これは、とても大切なポイントです。煩悩という躓《つまず》きの石に、意識を向けるのではなく、**自分の中に滾々《こんこん》と湧いてくる知恵を大事にします**というわけです。

もう一つ違うのは、「五大願」のほうが一行多くて、「如来無辺誓願事」という誓いが入っています。

これは「数かぎりない神仏にお仕えします」という意味です。禅宗では、自分自身の中に仏性を見出《みいだ》すことが至上命令なので、神仏に頼ることを否定します。したがって、信仰心は二の次になります。

かたや密教では、自分でも厳しい修行をするけれども、あくまで謙虚に、神仏に頭《こうべ》を垂れることを重視しています。そのために手に印を組んだり、マントラを唱えたりするのです。

この場合の神仏とは、大自然、大宇宙のサムシング・グレートのことであり、それと感応道交、つまり双方向の交流をすることが密教の教えです。私が護摩を焚《た》く時も、そのような気持ちで焚きます。

そして、その交流が実現すれば、今度は神仏の力を借りて、目の前の現象を変えていくことが可能になります。

空海が「修習思惟すれば、即ち道を得、通を起こす」と言っていますが、「通」とは神通力のことです。

禅のゴールは、坐禅を通じて煩悩を捨て、無我の境地の中で仏と一体となることです。密教のゴールは、さまざまな神秘的な方法を通じて、仏と一体となってから、現実を好転させていくことです。そこに大きな違いがあります。

この違いに、私たちの煩悩への向き合い方への解答が出ています。煩悩をなくすなどという無駄な抵抗は、最初からやめたほうがいいのです。

そんなことよりも、**自分の内にも外にも無限に存在する知恵と向き合うこと**のほうが、よほど大切なのです。

しかも、それを「遊び力」を通じて実現しようというのが、「遊ぶっきょう」なのです。

「遊ぶっきょう」は禅と密教の融合体？

私はあまりにも長く禅寺に暮らしていたものですから、体に禅の匂いが染み込んでいます。ところが、六十五歳で大学を定年退職した折、ひょんなことから比叡山延暦寺に籠もって、密教を学ぶことになりました。

密教というのは、空海が唐から持ち帰った神秘主義的な仏教思想です。仏教の秘密を解き明かすためには、三密といって身体・声・意識の三つのチャネルを使って、仏との一体感を味わわなくてはならないとされています。

それが、即身成仏と呼ばれているもので、体力・意志力・知力の三要素が備わっていないと、密教を理解することはできません。

空海は唐に留学する前に、四国や紀伊半島の山々を渉猟し、荒々しい山林修行をしていたわけですから、極めて粗削りな古代の山岳信仰にも通じていました。

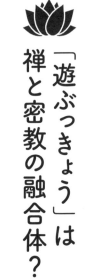

そんな彼が、当時世界一の都市文明を誇った中国の長安で、高度な仏教哲学だけではなく、キリスト教信仰や中央アジアの民族信仰にも触れることになったのです。

となれば、天才空海の中で劇的な化学反応が起きなかったはずがありません。そこに、究極の神秘思想ともいえる密教が誕生したのです。

天才肌の空海は、密教修行で鍛えた法力を使って、まるで手品のように数々の奇跡をやって見せました。誰もなしえなかった大土木工事だった満濃池構築を短期間でやってのけたというのも、その典型例です。鉱脈や温泉も数多く掘り当てています。

空海の天才的な働きが神話化され、その実像がどんどん膨らみ、今に伝わる大師信仰が全国に広がっていったのです。

いっぽう、秀才肌の学僧だった最澄は、多様性に富んだ仏教哲学と厳格な戒律を中国から日本に持ち帰りました。彼は人望のある人物だったので、皇室や貴族の絶大な支援を受け、比叡山延暦寺が建立されることになりました。そのおかげで、比叡山から続々と高僧たちが輩出し、天台宗は日本仏教の母体となりました。

もし都の一角に聳《そび》える比叡山に、延暦寺が出現しなければ、現代の私たちが知る仏教の姿は存在しなかったでしょう。

延暦寺が果たした役割には、極めて大きなものがあるのです。

そのように空海と最澄には、それぞれの歴史的使命があったわけですが、両者が構築したのは、あくまで鎮護国家をテーマとした貴族仏教であったことには違いがありません。彼らのスポンサーは、あくまで皇室と上級貴族であり、彼らが営んだ仏教儀礼は、富裕層向けのライブコンサートといった性格が強く、芸術的にも完成度の高いものでした。

したがって、高野山も比叡山も、庶民が近づくには敷居が高すぎたのです。

平安末期に、貴族仏教の弊害を知り尽くしていた法然上人が現れて、仏教の門戸を庶民へ大きく開放します。法然は貴族出身ではなく、岡山美作《みまさか》の土豪侍の出身であったからこそ、そういうワイルドなことをやってのけることができたのです。

彼は一般庶民に密教的なアプローチは難しすぎると判断し、「なむあみだぶつ」という念仏さえ唱えれば、誰でも救われるのだと言い出しました。しかも、念仏を「心の底より、真実にうらうらと」、つまり、楽しげに唱えなさい、と言っていますから、彼の念仏にも遊びの要素があったのです。

法然自身は比叡山で三十年あまり修行したわけですから、密教のことも十分に学んでいたでしょう。その経験を踏まえて、日本仏教の民主化を試みたのです。

法然のパイオニアシップのおかげで、いわゆる鎌倉仏教の幕が切って落とされ、親鸞、道元、日蓮などが続々と登場し、その後の日本仏教の主流を形づくっていきました。

鎌倉仏教は、秘密主義ではなく、誰にでも教えを明らかにし、また実践可能な方法論を示したため、顕教とも呼ばれます。

密教には、多様な修行形態と膨大な経典があるため、私は**「統合型仏教」**と呼んでいます。

顕教のほうは、坐禅・念仏・題目のうち一つだけを選んで専念する教えですので、私は**「選択型仏教」**と呼んでいます。

顕密統合という考え方は、以前からありましたが、実際にその両方の修行をさせてもらったのは、僭越《せんえつ》ながら私だけです。

比較宗教学者でもある自分が、日本仏教の二つの大きな流れを、身をもって体験できたことこそが、この「遊ぶっきょう」に繋がるのですから、つくづく幸運だったと思っています。

第三章

「遊び力」はこうして鍛える

自分が本当にしたいことに正直になる

そもそも修行と遊びは相反するものですが、修道院や禅道場にも「遊び力」がうまく取り込まれれば、もっと質の高い修行が実現するのになあと思います。

伝統的な規律重視の道場で「遊び」が何を意味するのか、指導者がよほど頭を柔らかくしないと、儀礼的な修行の継承で終わってしまうでしょう。

禅修行や修道院生活に憧れる人がたまにいますが、よほど過去からのカルマ、いわゆる仏縁がある人は別ですが、人間として不自然な環境に身を置くことは、あまりお勧めできません。

なぜなら、この世に生まれ落ちたということは、**人間的な生活を味わい尽くすこと**にあるからです。肉体が与えられたということは、食欲も性欲も否定するものではないのです。

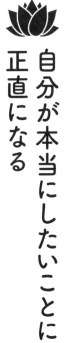

欲望こそ、健全な「遊び力」で大いに謳歌《おうか》すべきものです。もちろん、欲望に溺れてしまうのは問題ですが、「遊ぶっきょう」には、禁欲主義というボキャブラリーはありません。

この世で自分が本当にしたいことは何なのか。それに向かって、ガムシャラに努力する。途中で人間関係やお金の苦労もあるでしょうが、それが魂を磨く試練となります。

修行道場という人工保育器みたいな環境では、魂の鍛錬が十分に体験できません。現に修行歴が長い僧侶だからといって、人格が高潔であるとはかぎりません。どれだけつらくとも、娑婆《しゃば》世界に踏みとどまって、『十牛図』に出てくる「痴聖人」のように生きるのが理想ではないでしょうか。

出家という選択肢とほぼ無縁になった現代社会では、いろんな形のスピリチュアリズムが大流行です。ちょっと不思議な能力を持つ○○先生の追っかけになっている人も少なくありません。高額な講習料を払ってスピリチュアルなセミナーをハシゴするような女性がよくいますが、一種の現実逃避に見えます。

そんな暇があるなら、しっかりビジネスにでも打ち込み、稼いだお金で自分のしたいことをやって、どんどん遊ぶべきです。そのほうが、よほどスピリチュアルな人間になれると思います。

「よく働き、よく遊ぶ」。それが「遊ぶっきょう」の教えです。

メンタルを変えるにはフィジカルを使う

人間は、年を取ってくるとだんだん年寄り臭くなってきます。好奇心が薄れ、感動することも少なくなり、行動範囲も狭まってきます。

そうならないように、ふだんから体を鍛えておかなくてはなりません。私が年甲斐《としがい》もなく山歩きをしたり、海やプールで泳いだりするのも、体を動かすことによって精神を駆り立てるためです。

ジョギングやダンス、スポーツなど、自分が楽しくできるものなら、なんでもかまいません。それで脳の海馬も大いに刺激を受けることになり、物の見方や考え方が年寄りじみないですみます。いつまでも若々しい人は、そうやって好奇心旺盛に行動し、いつも自分を鼓舞しているのです。

逆に、**肉体を休ませたり停止させたりすることで、精神を高める方法**もあります。断食や坐禅《ざぜん》がそうです。

定期的な断食によって胃腸を休ませると、腸内フローラが整い、メンタルにもいい影響を及ぼします。坐禅によって肉体を静止させると、心の声に耳を傾けて自分自身と対話することができ、精神が澄んできます。私は十五分間、肉体を絶対静止させる「不動禅」を提唱しています。

能動的な抑制というのは、意外に効果があります。たとえばおしゃべりをしない時間を意識的に設けてみる。静かな音楽をじっと聴いてみるのもいいでしょう。その結果として、確実に精神状態が変わってくるのです。

人間が決めたルールは適度に破る

原則論として、仏教は戒律を重視します。僧侶は結婚してはいけないし、肉食もダメです。ましてやウソをついてはいけないし、お金や名誉を得るための欲を持ってはいけません。

となれば、今の日本で戒律を保つ僧侶は、ほぼ絶滅品種です。

でも、「遊ぶっきょう」には戒律がありません。あるとすれば「四角四面に生きてはいけない」くらいでしょうか。**何事にも適当に「遊び力」を発揮して向き合うこと。**それしかありません。

何度も言いますが、それは「手を抜く」ことではありません。目の前のことには真剣に取り組みつつ、自分の仕事そのものを「遊び心」で受け止める余裕が必要なのです。

そうすれば、ブルーマンデーなんてことにはなりません。出勤が楽しくなります。職場に嫌な人間がいれば、その人は自分の遊び劇場で「嫌な人間」役をやってくれていると思って、適当にやり過ごせばいいのです。何事も深刻に受け止めれば受け止めるほど、こちらの神経がやられてしまいます。

世の中にはいろいろとルールがありますが、それを杓子定規《しゃくしじょうぎ》に受け取ることはありません。犯罪になるようなことをやっていいわけではありませんが、**人間がそれぞれの思惑で作ったルールに縛られるのはナンセンス**です。

『釣りバカ日誌』のハマちゃんは、大好きな釣りのことしか頭になく、会社のルールを破りまくっています。会社の重役や直属の課長にしょっちゅう叱られていますが、家族にも同僚にも愛されています。

『釣りバカ日誌』のハマちゃんと、もう一つの人気映画『男はつらいよ』の寅さんの大きな違いは、ハマちゃんは好き放題にやりながら、あくまでゼネコンという組織の一員であり続けていることです。フーテンの寅さんのような生き方に憧れても、なかなかあのような現実を生きるには難しいものがあります。

しかし、こういった作品が広く愛されているのは、多くの人がハマちゃんや寅さんに憧れ、本音では一つの典型としてこのような生き方を求めているということにほかなりません。

「遊ぶっきょう」の観点から言えば、大きな組織の中でも「遊び力」を衰えさせないハマちゃんのほうが理想的人間像です。私たちも少しばかりハマちゃん的な生き方を身につけたほうが、人生が楽になります。

ただし、ハマちゃんの行動を単に真似《まね》するのではなく、**自分の中にいる本物のハマちゃんを引きずりだしてくる**必要があります。

エリート社員の仮面をかぶって、人目ばかりを気にしているような生き方をしていれば、どこかで破綻してしまいます。退職後、砂を嚙《か》むような虚しさを覚えるか、健康を害するかのどちらかです。

長年にわたって、実力を発揮し続ける社員というのは、組織の中にあってもつねに「遊び力」を維持し続ける「痴聖人」的な存在なのではないでしょうか。

好きであれば、それでよし

昔から「好きこそものの上手なれ」と言われてきましたが、自分の好きなことをやっていれば、そこには「遊び力」が大車輪に働いて、上達が早くなるわけです。

もちろん、人生において好きなことばかりやれるわけではありません。ときには嫌なことも体験することになります。その嫌なことを好きになることができれば、シメシメです。

しかし、どうしても好きになれないものをいつまでもやるのも愚かです。自分が今の仕事に向いていないと思えば、どこかで見切りをつけて、新たな挑戦をすべきです。

私は雲水時代も、将来どこかの住職になって、檀家《だんか》の法事や葬式をして過ごす気にはなれませんでした。それで思い切って、それまでのキャリアを捨てて、アメリカ留学を決意したわけです。

かなり無謀な決断でしたが、元々いろんな思想書を読むのが好きだったので、どうにか荒波を乗り越えることができたのだと思います。


生活のためだと言って、あまり好きでもない会社員生活を定年まで続けている人がいますが、もったいない時間の過ごし方だと思います。

どうせなら、情熱をもって向き合える仕事をしたほうが、健康にもいいし、何よりも魂の向上に繋《つな》がっていきます。ひと言でいえば、**自分の「遊び力」を最大限に発揮できるのが、理想の仕事**です。


とはいえ、最初から大好きな仕事を手に入れ、一生それに従事できる人は稀《まれ》です。たいていは、どこかで転職を決断し、行動に移すことになります。

じつは「遊び力」といっても、勇気がなければ、手に入らないのです。

ひと昔前まで、日本人は転職することに罪悪感をもっていましたが、最近は反対に、収入を上げるために次々と転職する人がふつうになっています。

言い換えればそれは、全身全霊を打ち込む仕事が見つかっていないということでもあります。もしくは、給料の額しか頭にないのかもしれません。本当に好きな仕事を見つければ、給料のことなど二の次になりませんか。

自分に向いている仕事を見つけるコツは、**その仕事にどこまで「遊び力」で向き合えるかどうか**です。

たとえば、自分は不器用だから、好きでもこれは向かない、という人がいます。でも、本当に好きなら、やるべきでしょう。ときとして思い込みや言い訳は、大きなブレーキになってしまいます。適不適にかかわらず、好きなら取り組む決断力が求められます。

本当に好きなことには心が喜ぶので、どんな苦難も乗り越えていけるのです。そしていつのまにかその世界の第一人者になった、という人はたくさんいるはずです。

意識的に集中する時間を作ろう

誰でもあまり気乗りのしないことをしていると、なかなか時間が経《た》ちません。チラチラと時計ばかりを見ることになってしまいます。

ところが、自分が好きなことをして遊んでいると、時間があっという間に過ぎてしまいます。遊びに没頭していれば、「三度のメシを喰《く》うのも忘れる」ということもあります。

その時、時間の概念が意識から飛んでいるわけです。そんなに夢中になれるものをもっている人は、幸せです。そこに「遊び心」があれば、**退屈な日常が神聖な非日常に変わってしまう**のです。

同じ仕事でも、それを遊ぶように取り組みだすと、いつもとは違って、新鮮な意味をもち始めます。小学生が遠足の前日にソワソワするような気持ちで、出勤できたら最高です。

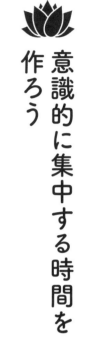

上司からノルマを課せられて、あまりよくその意義が理解できない時など、最悪です。仕事が苦行になってしまいます。そんな重苦しい状態が数か月も続けば、うつ病への道をまっしぐらに進むことになります。下手をすると、過労死ということもあり得ます。

そんな時、選択肢は二つしかありません。さっさと仕事をやめるか、仕事に向き合う意識を百八十度変えるか、どちらかです。

どちらが正解ということはなく、大事なのは現状を放置しないこと。煮え切らない態度というのは、「不幸の大魔王」の大好物なのです。

意識を変えるという選択肢を選んだ場合、「どうせ意味不明の仕事なんだから、これで遊んでしまおう」と考えて、課せられた仕事に集中してみることです。下手に意味を考えると苦しくなりますから、**ゲームでもやっているつもりで、**一気呵成《いっきかせい》に苦境を通り抜けてしまいましょう。

そうして自分なりに集中して取り組んでいるうちに、自分がやりたい仕事が回ってくるかもしれません。いいことばかり、悪いことばかりが続かないのが、世の常です。

家事でも「やらなければ」と思ってやれば苦痛ですが、「これも遊びのうち」と思ってやると、効率も上がってきます。

遊びなので、ぜんぶやる必要もありません。やろうと思ったことだけやればいいのです。

つらいことだって没入すれば楽しめる

私は宗教学者かつ宗教家という二足のわらじを履いてきましたが、大学に出勤することはあっても、ビジネス経験は皆無です。

その一方で、ふつうの人が体験できないことを修行道場でいやというほど味わってきました。何しろ、禅と密教双方の修行を体験するという物好きは、私くらいです。

とくに六十五歳で若い僧侶に混じって比叡山で体験した密教修行は、あまりにも過酷で、その最中にはずいぶん苦しみましたが、十年あまり経った今、思い出してみれば、あれも人生の中の一つの遊びだったのかなと、懐かしく思えます。

日蓮宗の大荒行は真冬の百日間、一日七度の水行をしながら、終日大声で題目や法華経を唱えるという壮絶な修行です。私も少しだけ体験させてもらったことがありますが、あれを完遂する僧侶は、よほどの体力と意志力を持ち合わせているのだと思います。修行途中、命を落とす人も時々いるそうですから、日蓮宗では一生に一度体験しただけでも賞賛される行為です。

ところが、別の日蓮宗寺院で偶然お会いした僧侶は、五回もこの大荒行をやってのけたといいます。思わず「いったい、どうして！」と叫んでしまいましたが、「楽しいんです。もっとやりたいんですけど、年齢制限にかかってしまい、できないんです」という答え。

彼の心の中では、日本一厳しいといわれる修行に**全身全霊で没入することで、ま**

さに遊びと化していたのです。

しかもその修行体験にはオマケがあり、その後は宝くじがよく当たるようになったというのです。確かにお寺に祀《まつ》られている大黒天の前に、何枚かの当たりくじが貼り付けてありました。

となると、私もやってみたい気がしますが、不純な動機で大荒行なんかに飛び込めば、心臓発作で命を落とすのがオチです。宝くじどころの騒ぎではありません。

幸いにも「遊ぶっきょう」の修行は、いかなる状況でも「遊び力」を忘れないことなので、道場も不要だし、出家する必要もありません。**今日をどう楽しく過ごすのか、**そこに意識を置くだけでいいのです。

「お金がない」を言い訳にしない

日本人は、いつも経済的に大変だ、大変だ、と言っているような気がします。でも、国民の大半は裕福ではなくても、ちゃんとメシは喰えているし、子供たちを大きな負担もなく、公立学校に通わせることができます。国民健康保険のおかげで、病院にも行けます。

コロナ禍前までは、毎年二百万人近くの人たちが海外旅行に出かけていました。地球上の多くの途上国の人たちから見れば、夢のような暮らしです。

「お金がない」を口癖のように言うのではなく、そこにも「遊び力」を発揮して、**今を楽しむ方法を見つけるほうがいい**のではないでしょうか。

近くの山や川に行けば、いろんな遊び方が見つかるはずです。周りの景色を楽しみながら散策してもいいし、路傍の草花の名前を覚えてもいい。それだけでけっこう楽しいものです。

釣りをしたければ釣り道具がいるし、バドミントンがしたければラケットがいるように、遊びの中には道具がいるものもあります。でも、最近はネットで探していけば、たいていのものは安価で手に入ります。

その道のプロではなく、素人が遊ぶわけですから、道具が新品である必要はどこにもありません。型落ちの古ぼけた道具で遊ぶのも、また乙なものです。

お金がある人はあるように、ない人はないように遊べばいいのです。

何事であっても、**自分が今置かれている環境で楽しむことこそ、秀逸な「遊び力」**です。

お金がかからない遊びを探すのも、遊びのうちです。とくに若いうちは貧乏なほうが幸せだと考えましょう。いろいろと創意工夫して暮らさざるを得ないからです。

それに、貧乏をグチるのではなく、持ち前の「遊び力」を発揮して貧乏を楽しむような者は、やがて財を得るような人物に成長していくものです。

遊びを模索するのも遊びのうち

たとえば山菜採りに出かけたとしましょう。

山菜の知識がない人にとっては、どれも同じように見えて、全然楽しくない。山菜の知識があれば、山は山菜の宝庫です。「ここにも、あそこにも、たくさんある！」と興奮します。**行った先々が宝の山になる**のです。

それと同じように、遊びの材料はそこここにあるのだけれど、あなたが気づかないでいるだけです。遊びの材料はいたるところに転がっています。それに気づくには、いろいろなことに**好奇心を持って首を突っ込んでみるという姿勢**が必要です。

でも、それでも「何をして遊んだらいいか分からない」という人には、とにかく**今の自分と反対のことをしてみる**といいと思います。

ポイントは、ふだんの生活ではやらないこと、これまでやったことのないこと、今まで避けていたことにチャレンジしてみること。それも遊びの一環だと思えばいいのです。

たとえば、いつも車ばかり乗っている人は、何キロか散歩に出かけてみる。いつも徒歩が移動手段の人は、自転車で思いっきり遠くへ出かけてみる。それらはすべて非日常体験になります。すると、新たな風景の発見や、自分自身の発見があったりします。外の風や光を浴びて肌に感じることや、こんなことが自分は好きだったのかなどという感覚だったりします。

ほかにも、ふだん肉体労働がメインの人はデスクワークに取り組んでみたり、都会在住の人は田舎生活を体験してみたり、家で手作り夕食をしている人は外食をしてみたり、紙の本ばかり読んでいる人がオーディオブックを聴いてみたりするのも、きっと新しい発見があると思います。

さらに、これまで意識的に避けてきたことや苦手なことに挑戦してみると、新しい視点が見つかったりします。たとえばジェットコースターやバンジージャンプに挑戦してみるとか、料理教室に行ってみるなど、想像もしていなかったような感覚や気づきがあると思います。

私はここ数年、奄美大島に水田を借りて、稲の原種ともいわれるマコモ（真菰）を育てています。「ありがとう寺」のしめ縄にするためですが、根っこの部分はマコモダケといって、天ぷらや和《あ》え物にすると最高です。マコモは深い泥の中で育つので、植え付けも収穫も全身泥だらけの作業となりますが、それが泥遊びをしているようで、とても楽しいのです。

「労働は祈りなり」というのが私の持論ですが、無邪気な農作業もまた祈りであることを実感します。ふだんは執筆のためにパソコンに向かう時間が長い私にとって、奄美の太陽の下で泥と戯れる時間は、どこまでも貴重です。

旅行だって「遊び」の修行になる

「遊ぶっきょう」の修行には、日頃のストレスから解放されて、心がワクワクする旅も含まれます。旅行というのは、日常空間から非日常空間に移行することを意味します。

自分でいうのも何ですが、私は海外も国内もさんざん旅をしてきましたので、自称「旅の達人」です。行き先だけではなく、旅の形態も多種多様なものを体験してきました。バックパッカーとして、ヒッチハイクの旅をしたこともあれば、国賓待遇でＶＩＰの旅をしたこともあります。

それで思うのですが、せっかく貴重な時間とお金を使っても、旅行下手な人が多いように感じてしまうのです。

有名な観光地に行って、ガイドブックに載っているような場所を訪れ、美味《おい》しいと紹介されているものを食べ、おススメの特産品を買って帰る。

とくに観光バスに乗せられて、ごく表面的にあちこちを見て回るツアー旅行というのは、「遊び力」旺盛な人にとっては、あまりにも受動的で退屈だと思います。

旅も一つの作品ですから、**自分の「遊び力」を発揮して、オリジナルなものに仕**

立てていくところに喜びがあります。

自分で訪問地を決め、多少の不便があっても、自分の足でそこにたどり着く。そして、その場所に蓄積された歴史文化を学んだり、自然のパワーを感じたり、あるいは現地の人々の暮らしぶりを観察したりしてこそ、文字通り「光を観る」観光となります。

貧乏留学生だった私は、ボストンで観光ガイドをしていました。日本の大手観光会社のツアー旅行の現地下請け会社のアルバイトです。

代表的な観光地を分刻みで見て回り、高級レストランで食事をした後、ショッピングモールで買い物をし、高級ホテルに泊まる。もちろん、各所で写真を撮りまくります。参加者にとっては「そんな有名な場所に行った」という証拠になるのでしょう。

しかし、ガイドの私は少しもエンジョイできませんでした。

おおよそは中高年の旅行者でしたが、時差も大きく、日本から東海岸に飛んでくるだけでも大変です。なのに、大型バスで次々と観光地を引きずりまわし、アメリカ人向けの脂っこい食事を毎回、大量に差し出すというのは、あまりにも不親切に感じたのです。

もちろん、アルバイトの私には意見を言う場所がありませんでしたが、高額のツアー代を支払って参加している人たちが、とても気の毒でした。

ボストン郊外には、ニューイングランド独特の美しい田園風景が広がっています。そんなところにコテッジか小さなホテルを借り切って、ゆっくりするというチョイスがあってもよさそうです。

良質の旅というのは、魂の栄養補給となるはずです。本当に深い満足を得たのかどうか、旅を終えるごとに、チェックしてみる必要があります。

そういうことを積み重ねていくことも、「遊び力」を養うのに役立つのです。

第四章

「遊ぶっきょう」を極める

野山の遊びが人間を浄化してくれる

「遊ぶっきょう」の教えを理解しても、それを実践しなければ、何の意味もありません。「畳の上の水練」で終わらないように、勇気をもって「遊びの大海」に漕《こ》ぎださなくてはなりません。

でも、オーソドックスな仏教とは違い、「遊ぶっきょう」の実践は、苦行なんかないので簡単です。

もちろん、それは暇やお金に明かして、放蕩《ほうとう》を尽くすことではありません。そんなのは心が重く、苦しくなる遊びです。

そうではなくて、**心が軽く、嬉《うれ》しくなる遊びを見つけましょう。**料理好きな人は、料理が遊びとなるし、人によっては掃除や洗濯のような家事でさえも、遊びになり得ます。

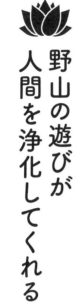

私は森の中を歩くのが好きです。木々の間を歩くだけで、自分が浄化されていくのを感じます。とくに古くて大きな木が好きで、妻と二人で「巨樹遍路」をしているほどです。

人間よりも遥《はる》かに長い時間を生き抜いてきた巨樹は、老賢人のように深い知恵があるように感じます。

私はその前で法螺貝《ほらがい》を吹き、祝詞やお経を上げたりしますが、誰でもその近くにしばらく佇《たたず》んでいるだけで、何か感じるものがあるのではないでしょうか。

美しい渓谷を歩くのもいいですね。澄んだ水には、不思議な力がありますから、その近くにいるだけで禊《みそ》ぎ祓《はら》いになります。妻は頭痛持ちなのですが、渓流のそばを散策したりすると、頭痛が消えてなくなると言います。

なるべく人に知られていない静かな渓谷をゆっくりと歩いていると、いろんな雑念が消えていき、歩く瞑想《めいそう》にもなります。

森林浴というのはよく聞く言葉ですが、「巨岩浴」というものもあります。拙著『山の霊力』（山と渓谷社）で巨岩と修験道の関係について論じていますが、海水・湧水・森と同様に、大きな岩は強いエネルギーを発しています。それによって、信仰の有無に関係なく、全身がビリビリしたり、温かくなったりします。

そんな巨岩のパワーには、霊的な浄化力もあります。

よく「自分は霊に憑依《ひょうい》されている」などと言う人がいますが、そんなネガティブな愚痴をこぼす暇があれば、近くにある岩山にでも登ってほしいものです。

何十億年という歴史を持つ大岩石には、人間がいう憑依霊など、吹けば飛ぶような埃《ほこり》も同然です。

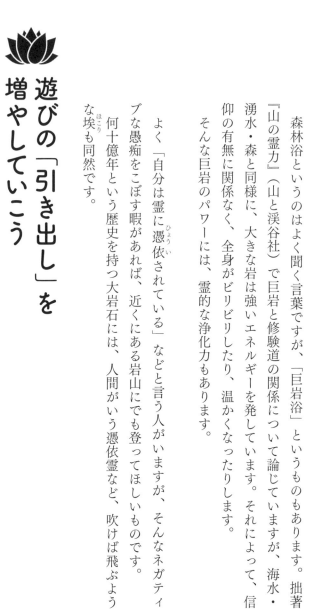

遊びの「引き出し」を増やしていこう

私は冬の山をスノーシューで歩き回るのも大好きです。何しろ寺育ちで芸がないものですから、スキーなんてできません。でも雪山は好きなので、なんとかならないものかと思っていたら、スノーシューというものがあることを友人が教えてくれました。昔でいうカンジキですが、これにはハマりました。クロスカントリーとは違って、木が密集していても、雪が積もっているかぎり、どこでも歩けます。

森閑とした雪山を一人で歩いていると、カモシカなんかに遭遇します。カモシカは鹿のようにすぐに走り逃げないで、一定の距離があると、不動の姿勢で人間とにらめっこを続けます。その醍醐味《だいごみ》といったら、ありません。

私はシュノーケルも大好きで、海の近くに行く時は、たいていシュノーケルセットを持参します。シンガポール在住時にスキューバ・ダイビングのライセンスを取得しましたが、あちこちの海でスキューバをするうちに、毎回、潜水用の重装備を用意するのが億劫《おっくう》になってきました。結局、身一つで潜れるシュノーケルに戻ったというわけです。

シュノーケルをしていると、無重力の宇宙空間に漂っているような感覚になります。水中を自由に泳ぎ回っている色とりどりの魚たちと一緒に遊んでいるような気になるのです。

沖縄や奄美の海なら、冬でも泳ぎます。いつか能登の和倉温泉で講演会があった時は、直前まで近くの海で泳いでいて、講演会場に海パン一つで現れて呆《あき》れられました。

マレーシアやインドネシアの海も潜ったことがありますが、圧巻はハワイ島の海でマンタと泳いだこと。夜の海に筏《いかだ》を浮かべ、海底に向かってたくさんの海中電灯を照らすと、何十頭という巨大なマンタが海底から次々と浮かび上がってきます。光に向かうという習性があるのかもしれませんが、プランクトンを吸い込むために、大きな口を開けて迫ってくる時は、自分が吸い込まれるのではないかと思うほどです。

海面スレスレのところで回転し、また海底に潜っていくのですが、回転する時にマンタのお腹《なか》と自分のお腹が触れ合うのです。

そんなダイナミックなシュノーケルはそれまで体験したことがなく、あまりの興奮に笑い出したぐらいです。このマンタ遊びは、わが生涯の「遊び史」の中で五指の一つに残ると思います。

ともかく短い人生の中で、**遊びの引き出しをたくさん持っている人は幸せです。**季節によってソレができなければ、アレ。アレができなければ、コレというふうに、退屈することはありません。

そのようにして「遊び力」を増幅させていく人は、海馬が成長するためか、なかなか老けないものです。

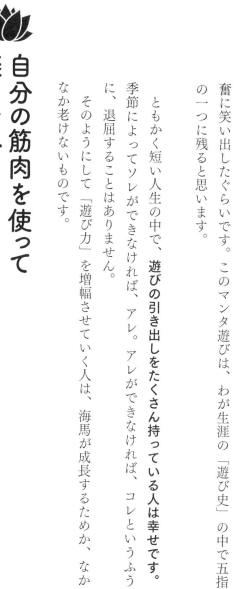

自分の筋肉を使って楽しむべし

国内外の海や川で、カヤックやカヌーでも遊ぶことがあります。澄んだ水の上を音もしないカヤックなどを漕ぐのは、最高に楽しいものです。一人ではできませんが、急流をゴムボートで下るラフティングも、チャンスがあれば、するようにしています。自然との一体感がなんとも言えません。

いくら海が好きでも、爆音を立てながらモーターボートやウォータージェットで海上を突っ走るのは、私の趣味ではありません。基本的に自分の筋肉を使わない遊びを、私は評価していません。せっかく都市の喧噪《けんそう》から離れて大自然の中で遊ぼうという時に、燃料が必要な機械に頼りたくないからです。

一時、フィットネスクラブに通い、いろんなマシンを使ってみました。確かにターゲットにした特定の筋肉が強くなっていくのを実感しました。でも、密室の中で機械に弄ばれているようで、長続きしませんでした。結局、三十年以上も続けている水泳に戻りました。

クロールで一キロ泳ぐのが、私の日課です。水泳すると、全身の血流が一気に良くなるのを毎回、実感できます。疲れていても、泳げば全身の乳酸が水に溶けていくのではないかと思えるほど、すっきりします。

水泳は、私の掛け替えのない遊びになっています。

プールに入れられるカルキは体や毛髪に良くないと言われますが、これだけ毎日プールに入っていても、副作用のようなものは感じません。私は現在七十四歳ですが、白髪がほとんどありません。むしろ、口の中も含めて、全身消毒しているようなものですから、そのおかげで四十年以上、インフルエンザにもかかっていないのかもしれません。

私にとって、プールは治療費もかからない「ウォーター・クリニック」となっているのです。

「夜遊び」よりも「湯遊び」？

健康志向の強い人にお勧めしたい遊びの一つが「湯遊び」です。「夜遊び」ではありませんので、くれぐれもお間違いのないように。

「夜遊び」にハマってしまうと、無駄遣いが止まらなくなるだけではなく、何よりも健康を損ねてしまいますから、くれぐれもご注意ください。

「湯遊び」とは、温泉めぐりのこと。日本人は風呂好きな人が多く、それが国民の健康長寿に貢献していることは間違いありません。でも、やはり本物の温泉に浸《つ》かったほうが、湯治になります。

人それぞれ体質に合う泉質は異なると思いますが、そんな温泉を見つければ、一生の宝物となります。

湯治に来るような人にはガン患者が多いようですが、それにしてはどなたもお元気そうにしておられます。やはり「仏徳」ならぬ、「湯徳」というものがあるのかもしれません。

かけ流しの天然温泉には、高温のところが多いのですが、それに慣れ親しんだ地元民でもないかぎり、やはり熱い湯に浸かるのは大変です。そういう場合は、時々は水風呂に浸かったり、水シャワーをかぶって温冷浴にすると、湯治効果は倍増します。温冷浴は血行を促進し、疲労感を吹き飛ばしてくれます。

私にも頻繁に通う温泉が箱根の一角にあるのですが、けっこう熱いので長くは入れません。うっかりハートアタックで即身成仏と相なるかもしれませんから、長風呂しないようにしています。

私個人は塩分の多い温泉が好きです。体の芯まで温まり、その晩は熟睡できます。さらに鉄分や硫黄分が多ければ、なおさら好ましく思います。

そういう温泉に、ゆっくりと浸かっているうちに、五臓六腑《ごぞうろっぷ》まで染み込んでいくのを感じます。

入浴後は、目に見えて血圧が安定します。肝臓や腎臓の機能も回復するのか、「湯遊び」していると体調がいいのです。

良質の温泉に毎日浸かることができる地域に暮らしている人は、幸せ者ですね。高齢者にも「遊ぶっきょう」の実践だと思って、病院通いではなく、温泉通いをしてほしいものです。

そうすれば、国庫に負担をかけずに、しかも自分の健康長寿にも役立ちます。

一流の学者ほどいつも遊んでいる

学者の研究心と「遊び力」は、対極にあるように思われるかもしれませんが、そうではありません。「遊び力」と研究能力は、表裏一体のものです。

とくに一流の学者であればあるほど、**自分の研究が遊びそのものになっている**と思います。そこには凄《すさ》まじい探求心があるわけで、文系なら膨大な資料を渉猟するでしょうし、理系なら実験室もしくはフィールドで昼夜を分かたず、謎を解き明かそうとするでしょう。何しろ遊びですから、**時間そのものが消えてしまう**のです。

つまり学者にとっては、研究と遊びは区別がつかないぐらい密接なもの。研究成果を上げている学者の研究室の明かりが深夜まで灯《とも》されているのも、彼らが「遊び力」をマックスにして研究に没頭している証拠です。

ところで、アメリカの大学の先生は、日本の学校の先生のように、あまり黒板を使いません。私が学生だった頃は、パワーポイントというものもなかったので、教授が滔々《とうとう》と話し続けるような授業が多かったのです。

ろくに聞き取り能力もない私がどれだけ惨めな思いをしたか、想像してみてください。私はしばしば、大学の講義に紛れ込んだ幼稚園児のような心境になりました。

それでも講義のうまい先生は、とてもユーモアがありました。さすが雄弁術が発達した欧米社会のインテリだけあって、話術も抜群だと思いました。

日米双方の大学に身を置いてきた私としては、学問の密度の濃さという点では、アメリカに軍配を上げざるを得ません。アメリカの学者というのは、大御所になっても、つねに研鑽《けんさん》を積んでいます。

その一方で、彼らは遊び上手でもあります。日頃からジョギング、テニス、スカッシュ、ゴルフ、水泳などを楽しむのが当たり前になっています。ピアノ、フルート、バイオリンなどの楽器の演奏で、セミプロの腕前を持っていたりもしますから驚きです。夏休みなどは四か月近くあるわけですから、家族で海外に出かけたり、森の中の別荘で長期滞在したりします。

アメリカの学者は、とにかく遊び好きなのです。

そこに「気」を感じることができますか？

私の場合、旅は「神遊び」の性格が強いように思います。「神遊び」の本来の意味は、神様と一緒に歌いながら舞う神楽のことですが、私流の「神遊び」は、神様がおられるようなところを探して回るというものです。

私は坊さんのくせに、お寺よりも神社を訪れることが多いのです。なぜなら、お寺は歴史的な経緯の中で、人間の都合によって建てられたものが多いからです。

そこを守る住職が、真剣に修行をし、日々のお勤めを怠らない場合、ご本尊が霊力を放ち始めるということはあります。そんなお寺にお参りすれば、功徳がいただけるに違いありません。となれば、文化財を見せて拝観料をとるだけのお寺はスルーしたほうがいいでしょう。

対照的に、神社のほうは人間の都合よりも、古代の人々が自然の霊力を感得して、境内地のあるべき場所を定めてきました。それも一概に言えるわけではありませんが、私は神社にパワーを感じることが多いので、よく足を運びます。

しかし、単に有名だからといった理由で神社に行くわけではありません。大きい小さいも無関係です。

まず鳥居の外に立って、足を踏み入れるべきかどうかを判断します。境内が清楚《せいそ》に整えられていることが、第一条件です。その次は、境内から「気」が流れているかどうか、判断します。

「気」というのは、現代的にいえば、素粒子の波動のことです。それは主観的なものではなく、物理的に存在するものです。初めのうちは、そんなことを言われても、何のことか分からない人が大多数だと思います。私も、かつてはそうでした。

でも、何度も挑戦するうちに、体で分かるようになったのです。

「気」を感じるかどうかも、遊びのうちだと思って、練習を重ねてみてください。

ご本殿に神様がおられれば、必ず境内に「神気」が流れ出ています。神官が境内を掃き清め、ご神事をきちんと営んでいないと、本殿もただの伝統建築に過ぎません。どちらかといえば、大多数の神社がそちらの類いだと思います。

中には、全然掃除もしていなければ、本殿の中に蜘蛛《くも》の巣が張っていたりします。そんな神社には穢《けが》れた「気」しか漂っていないため、足を踏み入れないほうが無難です。

全国津々浦々に神社がありますが、旅行に出かけて、霊格の高い神社を見つけるのは、月並みな観光よりも遥かにエキサイティングです。しかも、当たりの場所を見つけて、そこで真剣に祈れば、ご利益をいただけるわけですから、遊びの喜びも倍増します。

ちなみに、私は海外に出ても「神遊び」をします。当然、神社はないわけですから、とりあえず巨石や巨樹を探します。世界中どこに行っても、巨石や巨樹は強いパワーを放っているものです。

先住民がいるような国なら、彼らが先祖代々、祭事を営んできたような聖地を探します。長い歴史の裏付けがあるので、まず当たりはずれがありません。

貧乏旅行もまた楽しからずや

日本人に人気があるヨーロッパの古城めぐりですが、私は苦手です。おとぎ話にでも出てきそうな美しいお城の門を潜《くぐ》れば、内部は中世の貴族たちが贅《ぜい》を尽くした豪華絢爛《ごうかけんらん》なインテリアがこれでもか、これでもかとばかりに繰り広げられます。

そもそも私は豪華絢爛な趣味も持ち合わせないし、何よりもその城を中心に繰り広げられた権力闘争の匂いを強く感じてしまうのです。頭痛さえしてしまう場合もあり、私にとって古城めぐりは「神遊び」からいちばん遠い位置にあります。

ヨーロッパの旅の醍醐味は、地方の民宿（B&B）に泊まることです。絵に描いたような美しい田園風景の中に、三百年以上も経《た》った修道院や農家があり、それらが民宿に転用されています。外観は中世の面影を残してありますが、一歩中に入ると、本当にセンス良く、リノベーションされていたりします。昔、馬小屋だった部屋でも見事に再生されています。

ヨーロッパ人のあのセンスの良さは、いったいどこから来るのかと考えてしまいます。レンタカーでそのような民宿を泊まり歩くだけで、旅の満足感は最高レベルに達するでしょう。

少し生活にゆとりのある人は、風光明媚《ふうこうめいび》な土地に別荘を持とうとします。羨ましくないといえばウソになりますが、あちこちの別荘地で荒れ果てた建物を見かけると、やっぱり別荘なんか持たなくてよかったと思います。

遠方の別荘に足しげく通うのも大変だし、しばらく放置すれば荒れます。それに加えて購入費や、その後の管理費や光熱費のことを考えると、よけいに煩わしく思います。

ハワイ島やマウイ島に行くと、超豪華な別荘がたくさん建っています。建物も大きいし、庭も広い。恐ろしいほどの費用で手に入れたのでしょうが、そこへ所有者がアメリカ本土から訪れるのは、せいぜい年に二度ほどでしょう。その間、除湿のために全室にエアコンをかけっ放しにしている家もたくさんあります。経済的にもエコロジー的にも、別荘の存在が大きな矛盾となっています。

そこで名案があります。別荘もどきの宿泊先を全国各地に何軒か確保しておくことです。

キッチン付きだと、地元の食材を買いこんで、楽しく食事ができます。そんなコテッジに三泊もすれば、十分に別荘気分を味わうことができます。

私と妻は、さまざまな理由で旅に出ることが多いのですが、なるべく出かける時は、このような「別荘遊び」をエンジョイするようにしています。

「貧者の贅沢《ぜいたく》」という教えも「遊ぶっきょう」には含まれているのです。

観光こそが世界平和を築く

コロナ禍が収束しつつある中で、世界の観光地が賑《にぎ》わい始めていますが、**観光も「遊び力」を発揮する絶好のチャンス**です。

人々が世界中のどこへでも自由に行けるということは素晴らしいことです。いつかパスポートもビザもいらない時代が必ず来ると思います。観光は経済的にも大きな波及効果があるので、それが活性化することは、どの国にとっても喜ばしいことに違いありません。

誰でも観光に出かける時は仕事を忘れて「遊び心」でいっぱいです。つまり、心が柔らかくなっているわけです。そんな観光客をうわべのオモテナシだけで迎えるのではなく、異国からの市民大使として迎えるくらいの心持ちが必要ではないでしょうか。

たとえば、日本を訪れるインバウンド客は、神社仏閣や城郭、あるいは古い町並みを好み、そこで大量の写真を撮ったり、お店に入って食事を楽しんだりします。その時がチャンスです。

相手は好奇心という「遊び力」を最大限に開花させているわけですから、彼らが目にしているものの背景にある長い歴史や日本人の価値観を伝えるのです。

それには工夫を要しますが、日本のことをもっと知りたいと思って、日本に来ているわけですから、目に見えるものの向こうに、目に見えない思想や世界観があることを伝えるようにすれば、インバウンド客の満足度も高まるに違いありません。

そしてこちらも相手の国のことを聞いてあげ、互いの共通点や違いをシェアできれば、観光の大いなるグレードアップとなります。そういう観光の在り方を私は「ディープ・ツーリズム」と呼んでいますが、これからの観光は、そちらの方向へ動き出すでしょう。

現代はスマホアプリの普及で、英語がまったく話せなくても、街角で偶然に出会った外国人と簡単な会話をかわす程度のことならば、誰でも簡単にできるようになってきました。

私が宮島の近くにあるマンションに住んでいた頃、窓の外は瀬戸内海に浮かぶ島影だけで、毎日、クルーズ船に乗っているような気分でした。電車に乗ると半分ぐらいが外国人で、宮島の人気にはいつも驚かされました。

その外国人たちを、海中に立つ鳥居の写真を撮ったり、鹿にせんべいをやったり、食事をしたりするだけで帰らせるのは、もったいないなあ、とよく思っていたものです。

島こそ最高の遊び場だった！

自称「旅の達人」である私が、どこに行き着いたかといえば、島です。

島といっても海外と国内に大小の島々があるわけですが、田舎者の私はあまり観光開発が進んでいない島が好みです。たとえ、観光開発が進んでいる島を訪れたとしても、なるべく人が寄り付かないような場所を探すようにします。

島を訪れるには、船か飛行機を利用せざるを得ないわけですが、急ぎの旅じゃないかぎり、船を使ったほうが、本土からの距離を体感できていいのではないでしょうか。

遊びは効率優先ではなく、非日常的な体験をできるところが醍醐味です。とすると、甲板にも出られない高速ジェット船の窮屈なシートに坐《すわ》って行くのではなくて、ふつうの客船の二等室に寝転がって行くほうが、旅情が湧きます。

また、離島には地域文化が濃厚に残っていることに魅力を感じます。地元の人たちが話す方言は、外国語ではないかと思われるほど、ほとんど聞き取れません。でも、標準語しか分からない人間にとって、それはスリリングなものがあります。

島の郷土食も大きな魅力です。海に囲まれているのが島ですから、当然、新鮮な海の幸にありつけますし、その調理法にも独特なものがあります。

海の幸のみならず、それぞれの島には固有の植生があり、地元ならではの食材にありつけることが多いもの。とくに流通において不利な島生活では、発酵食品など食糧の保存法に長《た》けているため、思いがけないご馳走《ちそう》に遭遇したりするのも、楽しみとなります。

私は、島の祭りに強い関心を抱いています。組織化された大教団ではなく、小さな共同体の祭りは古代からの精神遺産の宝庫です。

世界宗教の形而上《けいじじょう》学を研究するのとは違って、生きた人間の素朴な信仰に触れられるのが、民俗信仰研究の面白さです。

だからこそ、島は私にとって、最高の遊び場なのです。

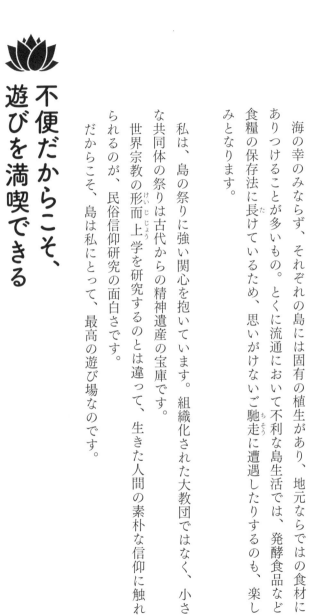

不便だからこそ、遊びを満喫できる

さらに「島遊び」の魅力として、ずばり**不便なこと**があげられます。陸続きじゃないわけですから、本土には当たり前にあるものが、なかったりします。最近は、流通システムの改善によって、そのギャップも狭まりつつありますが、小さな離島ならスーパーもコンビニもありません。

そういうところでサバイバルするうちに、**遊びの非日常性を満喫**できます。どうやら便利と遊びは離反するようです。便利ということは、日常性の中にどっぷり浸かっていることであり、遊びの非日常性から遠ざかってしまいます。

そして、なんといっても「島遊び」には、美しい風景がつきものです。海や海岸が美しいのはもちろんのこと、山や渓谷の美にも捨てがたいものがあります。

その典型が屋久島です。降雨量が異常に多い島なのに、極めて高い人気を誇っているのは、縄文杉に代表される山林の神秘的な美しさのためです。あの島だからこそ見られる植生や地形が、私たちの心を鷲《わし》づかみにします。

とはいえ、縄文杉周辺にハイカーの渋滞ができるのは考えものです。縄文杉以外にも、屋久島には魅力ある場所がいっぱいあるのに、どうしてそうなるのでしょうか。富士山頂にも毎夏、登山客の大渋滞ができますが、有名な場所だけに一極集中するのは、群れる日本人の悪《あ》しき国民性です。

屋久島ほど有名ではなくても、島は自然美の宝庫です。美しい自然が残っているということは、それだけ神々の息遣いが感じられるということです。じつは**「神遊び」と直結しているのが「島遊び」**だったのです。

島には、それぞれの空気が流れており、エネルギーの高い島と低い島がありま す。エネルギーの高い島にしばらく滞在していると、心身の充電がされるのか、次第に元気になります。

その見分け方は自分で見つけてほしいのですが、一般的な条件は、あまり開発されていない、海が澄んでいる、山の森が荒らされていない、巨岩や巨樹がある、などでしょうか。

「遊ぶっきょう」の修行だと思って、ぜひマイ・アイランド探しに出かけてみてください。

第五章

堂々と
人生を「遊びきる」

私の得意な「火遊び」

私は「火遊び」が得意です。というと、密《ひそ》かに複数の女性と怪しげな関係をもつ生臭坊主と思われてしまいそうですが、そうではありません。残念ながら、そんな甲斐性《かいしょう》もありません。

私の火遊びとは、密教の護摩のことです。

それまで禅とキリスト教の世界しか知らなかった私は、比叡山の修行中に初めて護摩を体験しました。古代インドのバラモン教あたりにルーツのある密教儀礼ですから、ずいぶんオドロオドロとした面があるのも事実です。

しかし、仏と自分の間にある空間で、炎を燃やすことに深い意義があることは、それを自分で焚《た》いてみるまで分からなかったのです。炎には物理的にもすべてを溶かす力がありますが、仏と人間の間に横たわる距離も溶かしてしまうのです。

ですから、願い事が叶《かな》ったり、亡くなった人へのお供養が届きやすくなったりします。

富士山を正面に仰ぐ「ありがとう寺」の護摩堂は、四面ガラス張りの日本に一つしかない建物です。そこで九頭龍神・不動明王・弘法大師を三段構えに祀《まつ》り、その前で護摩を焚いています。護摩木だけでなく太い薪《まき》もくべるので、大きな火柱が立ちます。さらに和太鼓を打ったり、法螺貝《ほらがい》を吹いたりするので、迫力満点です。二十年ほど前に『前衛仏教論』(筑摩書房)という本を書いたことがあるのですが、当時、自分がかくも前衛的な護摩を焚くことになるとは想像もしませんでした。

お寺の恒例で焚く福徳護摩と違って、個人のご依頼を受けて焚く「弘法護摩」は、まるで「炎の精神分析」とでも呼びたくなるほど、護摩壇の横に坐《すわ》る相談者の深層意識があぶりだされます。本人すら覚えていない幼少期の記憶などが、「鏡太鼓」の表面に映しだされるのです。

その記憶のイメージが問題の本質となっていたり、あるいは問題解決の糸口となったりします。ご相談の内容は、健康・経営・人間関係・転職・結婚・進学・スポーツなど多岐にわたりますが、心の名医である弘法大師が、具体的かつ的確な助言を下されることに驚愕《きょうがく》しています。天台宗に僧籍をもつ私が、真言宗の宗祖である弘法大師とご縁を深めているのも不思議な話です

仏教の華厳哲学には、「インダラ網」という考え方があり、それは宇宙のすべての現象が密接に繋《つな》がっているという世界観です。

護摩の炎も、その横にどなたが坐るかによって形が変わります。炎というのはモノ（物質）とマナ（精神）の両性を帯びており、その中で生と死、過去と現在、心と現象が結び合わされていくのかもしれません。私は比較宗教学者として「結びの思想」を提唱してきましたが、護摩を焚くようになったおかげで、それを観念ではなく、現実に体験することになりました。

もう少し具体的に説明すると、私が護摩を焚いている間、妻が「鏡太鼓」を打つのですが、その時、太鼓の皮の部分にさまざまなイメージが鮮烈に映しだされま

す。妻は霊能者というわけでなく、護摩の炎が立ち上がっている時にだけ、そういう現象が起きるのです。

ユング心理学では、無意識が現実の人やモノに「投影」されるという考え方がありますが、護摩の炎がレンズになって、祈願者の無意識が「鏡太鼓」に投影されるのかもしれません。それは一種の神秘現象ですが、私はこれを単なる霊感という言葉で片付けたくはありません。

なんらかのメカニズムが働いているはずですので、私の次なる課題は、量子力学の知見などを借りて、それを明らかにすることです。

「音遊び」は脳に響く

つくづく護摩は**「炎の瞑想《めいそう》」**だと感じます。炎を見つめることは、自分の内面を見つめることでもあるからです。炎は無意識の可視化と言ってもいいかもしれません。

その「炎の瞑想」を護摩堂の中だけではなく、屋外ですることもあります。お寺や神社での屋外の護摩は、柴燈《さいとう》護摩と呼ばれ、修験者が伝統的な作法にのっとってやるもので、そこにはいろいろ複雑なしきたりがあります。

でも私はなるべく全員参加型の護摩にしたいので、最大限に簡素化して、炎に向かって祈り、炎と戯れるようにしています。般若心経と短いマントラ（真言）を歌のように唱えます。とくにマントラには、古代から人間の意識を変えるために使われてきた音霊が含まれています。

龍神真言の「オンメイギャ、シャニエイソワカ」、弁天真言の「オンソラソバテイエイソワカ」などを全員で大きな声で唱えながら、炎を中心に周回してもらいます。意味は分からなくても、一定の時間反復朗唱すると、一種のトランスに入ったような気持ちになります。

それで、日頃のストレスから解放されていくわけです。

さらに、参加者に思い思いの楽器を持参してもらって、炎の動きに合わせて演奏してもらいます。「音遊び」の始まりです。

炎と音の相性は、とても良く、そんな時は縄文の祭りの再現のような気がしてきます。

私が「音遊び」を考えだしたのには、科学的根拠があります。

「ありがとう禅」という声の瞑想法を開発して以来、私は音声と人間の心理状態の間には密接な関係があると感じていたのですが、情報環境学の創始者・大橋力氏の著書『音と文明』（岩波書店）を読んで大いに納得させられました。

熱帯雨林などでは、人間の可聴限界といわれる二十キロヘルツを遥《はる》かに超える高周波音に溢《あふ》れていて、それが人間の脳を安定させているそうです。

その効果を大橋氏はハイパーソニック・エフェクトと呼んでいますが、高周波音は、耳からではなく、皮膚を通して人間の脳に影響を及ぼすそうです。そこがとても大事な点です。

ふつう音といえば、われわれは耳から聞こえるものと思っていますが、微細な振動を伴う音は、皮膚細胞からしかキャッチできないのです。

「炎のゆらめき」がもたらすもの

基音の整数倍の周波数をもつ音を倍音といいますが、高周波音は倍音に含まれており、それが脳の松果体に影響を与え、脳波を変えたり、脳内物質を増やしたりします。自然の中では、水の流れ、風の音、木の葉の音、動物の声などが混ざり合い、倍音を生み出します。

人間の場合、自分がもっている本来の声であるauthentic voice を発声した時、やはり倍音を出します。倍音を含む声で語る人の声には説得力がありますし、そのような声で歌う歌手には、知らず知らずのうちに引き込まれます。

楽器にも倍音を出すものと出さないものがありますが、CDで聞くよりも、ライブのコンサートを聞いたほうが深く感動するのは、ハイパーソニック・エフェクトの有無によります。

「炎の瞑想」では、炎がパチパチと燃える音、マントラを唱える人間の声、法螺貝、和太鼓、鐘の音、さらに参加者が思い思いに奏でる楽器の音などが重なり合い、その場の空気が変わります。それにつれて、参加者の意識も変わります。

神道では、ご神事の後に神様の福徳をいただくために、お供えしたものを全員で食べることを直会《なおらい》と呼びます。そこには「神人共食」という考えがあり、神様も人間と一緒に食事をしているとされてきたのです。

それと同じ精神で、「遊ぶっきょう」の直会はバーベキューでやったりします。残り火にサツマイモをアルミホイルに包んで放りこめば、美味《おい》しい焼き芋が焼きあがります。「ありがとう寺」では毎日のように護摩を焚いているので、「石焼き芋屋」をオープンしたいぐらいです。

沖縄には「毛遊び《もうあしび》」という伝統的な遊びがありました。若者たちが秋の収穫後に浜に自分たちが作った料理を持ちよって、泡盛を飲み交わし、歌ったり、踊ったりしたのです。ふだん何かと口うるさい年寄りたちは参加できなかったので、大いに解放感を味わいました。

沖縄だけでなく、かつては全国的に「歌垣」という慣習があり、男女が畑や林の中で互いの相聞歌を交わしたのです。そこにも酒食が伴い、若者たちは大いに弾《はじ》けたのでしょう。そこで気に入った男女が睦《むつ》み合い、やがて結婚に至ることもよくありました。

そうです。「毛遊び」や「歌垣」は、今でいう合コンだったのです。

「毛遊び」や「歌垣」は、自然の中のオープンスペースで、皆が朗々と歌い、意識が高揚してくると輪になって踊りました。やはり人間は、リズムに合わせて全身を動かしたほうが野生に戻り、異性に対しても多感になるのです。

そこに炎があれば、人は一層ワイルドになります。炎を囲むと、なぜか男女も仲良くなります。それが「火遊び」という言葉の本来の意味かもしれません。深刻な少子化問題を抱えている日本で、健全な「火遊び」があちこちで開催されてほしいものです。

遊ぶっきょうとは〈いのち〉に感謝すること

さて、仏教の瞑想にはいろいろなやり方がありますが、「遊ぶっきょう」では、堅苦しい坐禅《ざぜん》はご法度です。

私は中学生の時から、両足を両ひざに上げる結跏趺坐《けっかふざ》で坐禅してきたためか膝を痛めてしまい、今では正座もできなくなってしまいました。過去にも、坐禅に打ち込んだことで足を痛めて、杖《つえ》なしには歩けなくなった禅僧がよくいました。だから、あまり無理な姿勢での坐禅はお勧めしません。

基本的に私は、瞑想もスポーツだと考えています。難しく考える必要も、苦行のようにやる必要もありません。スポーツと同様に、瞑想も日々反復練習することによって上達します。

また、瞑想は単なるリラクゼーションではなく、現実を好転させる力を持っていなくてはなりません。でなければ、単なる気休めになってしまいます。

私は、日本に戻った五十歳の時に「ありがとう禅」を編み出しました。それまで臨済禅をアメリカ人に指導したりしていたのですが、人間が深層意識に抱えるトラウマを寛解するには、沈黙の坐禅では不十分ではないかと考えていました。

坐禅には、トラウマを解消するというよりも、もっと深いところに押し込んでしまうような面があります。禅僧の中でも、厳しい修行をしたにもかかわらず、精神不安定になる人もいれば、アル中になってしまう人もいます。アメリカ人にも坐禅しながら、マリファナを吸ったり、精神科医に通ったりする人はざらにいます。

そういうことを知っていたので、もっと心理学的にもセラピー効果のある坐禅の仕方がないものかと探していました。そしてふと気づいたのです。私の研究対象となっていた法然上人が、深い神秘体験を味わっていたのは、口称念仏、つまり声に出して唱える念仏の効果ではないかと。

平安時代にも観想念仏といって、心の中で阿弥陀仏《あみだぶつ》を思い浮かべながら念仏を唱える伝統はありましたが、法然はそれを不要とし、ひたすら何万回も念仏を唱えることを説いたのです。

その結果、彼は何度も阿弥陀仏や浄土の光景を幻視する神秘体験をもちました。それは脳内現象ですが、私は声に出す念仏の大脳生理学的な効果に着目したのです。

念仏信者だけでなく、「南無妙法蓮華経」を唱える題目信者にも、神秘体験をもつ人がいます。それを創《はじ》めた日蓮上人も、未来を予言する霊的能力がありました。やはり、声には何かあると思いました。

しかし、万人が実践できる瞑想法に、宗教色があってはならないと思い、「ありがとう」を唱え始めたのです。

すると、日本人だけでなく、外国人でも瞑想中に涙を流す人たちが続出しました。瞑想後に感想を聞いてみると、遠くにいる家族や友人、あるいは亡くなった人たちのことを思い出し、自然に涙がこぼれてきたというのです。

そのメカニズムは、「ありがとう」の母音は倍音に変化しやすく、それが脳の松果体に影響を及ぼし、意識を変えてしまうことが考えられます。

そういう経験を何千回と繰り返してきたので、私は人間の声は、最高のレメディ（薬）だと考えるようになりました。

「ありがとう禅」は五十分ぐらいの瞑想で、マントラ読誦・不動禅・感謝禅の三部構成になっています。それを月に二回、オンラインで発信していますので、ぜひ実際に体験してみてください。

瞑想も上達してくると、遊園地を訪れるような楽しい気持ちで取り組めます。遊園地から自宅に戻ってくると、「ああ、楽しかった」と明日からの仕事にもやる気が出てきます。

瞑想はスポーツだと言いましたが、その先には**「瞑想は遊びだ」というレベル**が待っています。そこまで到達してこその「ありがとう禅」です。

誰にでも芸術作品が創れます

私たちは、芸術作品はプロの芸術家が創るものと思い込んでいるフシがあります。でも、そうではありません。私たち一人ひとりが、芸術家なのです。

では、何を創るのでしょうか。

農家の人は、安全で美味しい野菜が芸術作品です。主婦ならば、家族が仲良く、そして健康に暮らす家庭が芸術作品です。会社員は、仕事の成果が芸術作品となります。

私は「遊ぶっきょう」の拠点たる「ありがとう寺」が作品となりますので、それを生涯磨き上げていかなくてはなりません。

人生というアトリエで芸術作品を創るわけですから、そこに「遊び力」という独創性がないと、いいものを生み出せません。

思い切って世間の常識やマニュアルなどを投げ捨てて、自分のやりたいことをやる。それが「遊び力」の真価です。

金まみれ欲まみれの人物を指さして「あの人は俗物だ」と言ったりしますが、世間の常識を一歩も踏み出せない生き方をしている人も、十分に「俗物」のカテゴリーに入ると思います。

自分が応援している野球やサッカーのチームを熱狂的に応援する。それも悪くはないのですが、もっといいのは、**自分がしていることに熱狂すること**です。

一つの芸術作品を完成させるためには、芸術家も「遊び力」をフル回転させて、全身全霊で取り組むはずです。それと同じぐらいの情熱がないと、作品は完成しません。

まず自分が本当にやりたいことを一つ見つけて、それに向かって邁進《まいしん》すべきです。

論語にも「わが道は一もって之《これ》を貫く」という言葉があるように、終始一貫したテーマがあってこそ、人生が深まります。そして、たった一つのことでも、それをやり上げるには、血のにじむような努力が必要となります。

「遊び力」もその努力の中に含まれます。**真剣な努力のないところ、遊びすら成立しない**のです。

結婚して家庭を築くことも、人間の魂にとって大きな成長の糧になると思います。結婚は面倒くさい、他者に縛られたくないと考える若者が増えているようですが、二つの魂が切磋琢磨《せっさたくま》し、愛情を育んでいくことは、この世に生を授かった人間にとって、一つの使命のようにも感じます。

もちろん、そこに「遊び力」という潤滑油がないと、家庭も緊張の場となってしまいますから、大いに二人で弾け、大胆に遊んでほしいと思います。

先に書いたように、**遊びと真剣は紙一重**なのです。何か一つのことに真剣に打ち込むことがなければ、遊びの喜びは得られません。

食べる道楽、食べない道楽

ところで、現代日本人がいちばん好きな遊びといったらなんでしょう。
それは言わずもがな、ずばり食べることではないですか。

日本は世界でも指折りの豊かな食文化を誇ります。大都会だけでなく、地方に行っても腕利きの料理人がいたりして、飛び切りのご馳走《ちそう》に舌鼓を打つことがあります。一億総グルメといった感じで、テレビでも料理関係の番組が朝から晩まで氾濫していいます。栄養のためというよりも、食べること自体が、国民的な遊びになっているように感じます。

その一方で、食べすぎ飲みすぎが原因で、生活習慣病に陥っている人も少なくありません。大半の病気は、過食が原因になっています。

死ぬまでグルメでいたいなら、時々食べることをやめなければいけません。空腹を耐えるのではなく、空腹も遊びとして楽しみます。


私は二十年前から毎年数回、週末を利用した「ありがとう断食」を主催していますが、その理念も「食べる道楽、食べない道楽」です。

「食べる道楽」だけでは、死ぬまでグルメとはいきません。時々は「食べない道楽」で、体内の老廃物を排出するだけでなく、脂肪細胞を燃焼し、ケトン体質にしておかなくてはなりません。ケトン体は免疫力を高め、細胞組織を再生してくれる天使の物質です。

同時に、腸内に蓄積されている宿便を排泄《はいせつ》してしまうことも、大切です。それが出てしまえば、体が浮き上がるように軽く感じます。

「腹黒い人」というのは、文字通り腸内に黒い便が溜《た》まって、強烈な悪臭を放ちながら腐敗し、それが人格まで歪《ゆが》めているのではないかと、私は考えています。
「ありがとう断食」では、断食明けに全参加者が一時間以内に五回以上トイレに通い、自然に宿便排泄をします。その後、人相が変わるほどの意識の変化が起きます。

断食を経験したことのない人は、食を断つことをすごくつらい体験のように考えがちですが、「ありがとう断食」のモットーは、「嬉《うれ》しい、楽しい、ありがとう」であり、手作り酵素ジュースも飲んでもらうので、それほど体力は落ちません。

私はグルメではなく、何でも美味しくいただく雑食人間です。とくに夕食時の晩酌を楽しみにしています。でも、一日一食を原則にしています。厳密にいえば、朝食に家内が作ってくれる天然酵母パンを口にしますので、一・五食ぐらいです。パン種になる酵母は、野菜から作っています。

オートファジーという考えがあり、十六時間以上の絶食で、細胞内のミトコンドリアが再生され、免疫力を高め、アンチエイジングにもなるとされています。私はそれを実践しているわけですが、一日一食だと健康に良いだけではなく、食費と時間の節約にもなります。

肥満気味の人も、一日一食だと、自然に減量できます。朝昼は、コーヒーやジュース、ナッツ類のスナックを口にすれば、一日一食も無理なく実行できます。

空腹も遊びのうちと思って、楽しんでください。

紙ヒコーキが「神ヒコーキ」になる時

誰でも子供の頃、紙ヒコーキを飛ばした経験があると思います。少しでも遠くに飛ばしたいという一心で紙を折り、祈るような気持ちで紙ヒコーキを飛ばしたものですよね。

すぐに落ちてしまうヒコーキもあれば、風に乗って予想以上に遠くまで飛んでくれるヒコーキもありました。そこでまた、紙の折り方に工夫を重ねて、もっと遠くまで飛ばそうとします。

遊びとは、怠けることでも、サボることでもないのです。**紙ヒコーキを少しでも遠くに飛ばしたいという気持ちで夢中になること。**それが遊びの真髄です。

力いっぱい飛ばすのではなく、優しく風に乗るように紙ヒコーキを手放した時、紙ヒコーキは、途中で「神ヒコーキ」に変身し、神風にでも乗ったように、どんどん遠くまで飛んでいきます。

そうです。じつは私たち一人ひとりが、**「紙ヒコーキ」から「神ヒコーキ」への変身を遂げることができるのかどうか、**それが問われています。

遊んでいるのは人間ではなく、こともあろうに神様だったのです。

神様が太郎さんや花子さんを宙に向かって飛ばしているとなれば、太郎さんや花子さんにできることは、力まずに風に乗ることです。

気持ちよく風に乗って、少しでも遠くに飛んでいく。ですからその先で何があっても、私たちの責任ではないのです。良くも悪くも、神様の作品である私たちは**気楽に宙を飛んでいればいいだけ**です。生きることそのものが遊びなんです。

空海も「身は華とともに落ちぬれども、心は香とともに飛ぶ」と言い残しています。肉体はいつか花のように地上に落ちていくけれども、心はお香の煙のように無限世界に昇っていくというわけです。

肉体は病気になったり、老いたりして終わりを迎えますが、無意識である心は、どこまでも自由です。そこには、いわゆる自力本願や他力本願の区別もありません。

「神ヒコーキ」を飛ばしている神様と、「神ヒコーキ」そのものである自分が一緒になって戯れる。そこに「遊ぶっきょう」の極意があります。

今日も楽しく神風に乗って、宙を舞いましょう。

死ぬことさえも遊びのうち

究極の遊びといえば、なんといっても**死ぬこと**です。
どれだけガムシャラに働いてきた人も、死が近づいてくると、意識朦朧《もうろう》として何もできません。もうお手上げです。でも医師から危篤と診断されても、魂、つまり無意識は活発に動いているはずですから、自分の一生を忙しく振り返っていることでしょう。

病気で徐々に弱って息絶えるだけではなく、不慮の事故や急な発作で亡くなることもよくあることです。それでも臨死体験者の報告によれば、たとえ一瞬であっても、死の瞬間に人生全体を振り返ることになるようです。無意識は時空を越えるので、そういうことがあっても不思議ではありません。

死に方の如何《いかん》を問わず、死の瞬間、その回顧が後悔の念で占められるのか、はたまた感謝の念で満たされるのか、その時になってみるまで分かりません。できれば、誰でも後者のほうを希望するでしょうけれども、これだけは自分の生き方次第なので、コントロールできません。

感謝の念だけでなく、**「ああ、この世で思う存分、遊んだから楽しかった」**と思えれば、最高です。そういう人は来世、もっと楽しいところに生まれ変わるのではないでしょうか。

「遊ぶっきょう」の元祖である一休の辞世の句は「死にとうない」です。奇《く》しくも、仙厓《せんがい》も同じように「死にとうない」と言って死にました。「遊戯三昧《ゆげざんまい》」の境地で人生を謳歌《おうか》していた二人が同じことを口にしたというのは、面白いことです。

二人とも禅僧ですから、この世に執着がないことを示すような、もっと毅然《きぜん》として潔い言葉を残してもよさそうですが、「もっと生きたいんだ！」と叫んだのは、それほど生きることが楽しかったのだと思うのです。

二人とも波乱万丈の人生を生きたのに、その時代にしては異様に長寿でした。やはり「遊びの極意」に達していたのでしょう。「シガラミだらけの娑婆《しゃば》世界に疲れたから、もう十分だ」とは言いませんでした。

もっと遊んでいたかったのです。

そして死を迎えた時、天寿を全うしたことを感じながらも、半ば遊び半分で「死にたくない」と言い残したのではないでしょうか。

彼らの生きざまからも分かるように、遊びは暇つぶしでも悪ふざけでもなく、人生の中心に堂々と位置するものです。遊びの醍醐味が分かれば、人生の摂理を悟ることになります。

私たちも、死に際に「もっと生きたい！」と言えるぐらい、遊びきれない人生を謳歌しましょう。

エピローグ

遊び場としての「ありがとう寺」

伊豆修善寺温泉の奥山に、「桂《かつら》大師」と呼ばれている桂の巨樹があります。樹齢千年以上の、素晴らしく威厳のある桂ですが、そのあたりの山林で修行していた弘法大師のお手植えとされています。

「ありがとう寺」が誕生する前に、その巨樹を偶然に訪れることがありました。その前で祈ると、弘法大師から「天地を結ぶ遊び場を作れ」という霊言を授かりました。

「祈りの場」ならいざ知らず、「遊び場」とは奇妙なことを言われるなと、その時は思いました。

それから十年近く経《た》って、奇《く》しくも私は「遊ぶっきょう」という思想にたどり着きました。今から思えば、その時、弘法大師は私に「遊び」の大切さを知らせよう

とされていたのでしょう。

「遊び」にこそ新しい仏教の形があり、そこでこそ人間の魂が解放されるのです。

難行苦行を悟りの条件とする古い仏教は、宗教離れが進行してしまった現代世界では、無用の長物と化しつつあります。

今は「遊び力」で、常識で凝り固まった自分の幻想を突破する時代です。そこには勇気もいれば、体力もいります。

線の細い生き方をやめて、もっと図太く、逞《たくま》しく生きましょう。

「遊ぶっきょう」の総本山「ありがとう寺」でも、もっともっと楽しい遊びを発見して、多くの方と幸せな時間を共有していきたいと思います。

そして死を迎える時は、一休や仙厓《せんがい》のように「まだ死にたくないよ」と言って、笑いながら息絶えたいものです。

「三休さん」宣言

宗教哲学者の鎌田東二氏（京都大学名誉教授）と対談している時、突然、彼が面白いことを言い出しました。

「町田さんは京都の大徳寺の出身だよね。大徳寺からは一休と利休という二人の異端児が出ている。風狂の一休は形骸化した禅に堂々と反旗を翻したし、利休は大名好みの豪華な茶の湯を侘《わ》び茶でひっくり返した。とすると、ありがとう寺の住職である町田さんは、三休（サンキュー）さんだ。三休さんも大いに暴れまくって、宗教界に革命を起こしてほしい」

じつは鎌田さんは大腸癌がすでに全身に転移しているのですが、今も「ガン遊詩人」と名乗り、東奔西走しています。そんな奇跡の人の言葉なので、私は彼から生前に贈られた遺言のように受け止めています。

この世に生まれてきたのは魂の修行のためでもありますが、最終的には「嬉《うれ》しい、楽しい、ありがとう」という気持ちで生き抜いてこそ人生を全うしたことになります。それが宗教家かつ比較宗教学者としてたどり着いた私の世界観ですが、それを「三休さん」として、これからも大胆に表現していく覚悟です。

その試みの一つである本書が、皆様のお手元に届いたことは、この上ない喜びです。このご縁をこれからも大切にしていきたいと思いますので、どうぞよろしくお願いいたします。

2024年5月吉日

町田宗鳳　合掌

「ありがとう寺」のご案内

〒４１２－００３３ 静岡県御殿場市神山５６４－２

ホームページ↓

「弘法護摩」「ありがとう禅」「ありがとう断食」その他、各種イベント情報は、右のホームページをご覧ください。

〈著者紹介〉
町田宗鳳（まちだ・そうほう）
1950年、京都市生まれ。広島大学名誉教授。御殿場高原「ありがとう寺」住職。幼少のおり、キリスト教会に通う時期もあったが、14歳のときに家出をして仏門に入る。以来20年間、京都の臨済宗大徳寺で修行。34歳のとき寺を離れ、渡米。ハーバード大学で神学修士号、ペンシルバニア大学で哲学博士号を得る。プリンストン大学助教授、国立シンガポール大学准教授、東京外国語大学教授、広島大学大学院総合科学研究科教授を経て、現職。『風の便り　あなたの傍に一生寄り添う言葉』（小社）、『人類は「宗教」に勝てるか』（NHKブックス）、『「無意識」はすべてを知っている』（青春出版社）、『「ありがとう禅」が世界を変える』（春秋社）、『異界探訪』（山と渓谷社）など、日英で著書50冊余。NHK「こころの時代」「ラジオ深夜便」「こころをよむ」「美の壺」などに連続出演。日本・米国・ヨーロッパなどで倍音効果を利用した瞑想法「ありがとう禅」を実施すると同時に、週末を利用した「ありがとう断食」をのべ100回以上開催している。

人生が一変する
「遊ぶっきょう」の教え

2024年6月20日　初版印刷
2024年6月30日　初版発行

著　者　町田宗鳳
発行人　黒川精一
発行所　株式会社 サンマーク出版
東京都新宿区北新宿 2-21-1
（電）03-5348-7800
印　刷　中央精版印刷株式会社
製　本　株式会社村上製本所

ISBN978-4-7631-4145-3　C0030
ホームページ　https://www.sunmark.co.jp